U0018541

# 夢幻巴士

## 一趟地獄住客的天堂之旅

# The Great Divorce

by C. S. Lewis

C·S· 路易斯／著
高子梅／譯

## ——推薦導讀

# 天堂與地獄的幻想之旅：不是大家都願意進入天堂！

陳超明（實踐大學應用外語系講座教授）

幻想還是現實？地獄還是天堂？空虛還是實體？執著還是放棄？這些西方文明一直糾纏不清的問題，在一場夢幻之旅中，不斷地被探索也不斷地被質疑。挑戰英國浪漫詩人威廉．布雷克的《天堂與地獄的結合》概念，愛爾蘭作家C．S．路易斯在這本夢境般幻想小說中，提出不一樣的道德解答：通往幸福的道路只有一種，那就是脫離地獄或現今所處的灰暗世界「幽冥城」（the grey town），放棄那些虛名、固執、墮落等等世間的一切，甫能得到救贖。

模仿但丁《神曲》的構思與精神，作者創造了一個追求「善」的敘述者。

有如但丁一般，這位敘述者跟隨著自己的導師（mentor），開始一連串心靈淨化之旅。從排隊上夢幻巴士開始，敘述者就不斷質疑，為何那麼多的人一直尋找藉口，不願搭上這班通往天堂的巴士呢？通往天堂之路，難道有哪麼多的障礙與衝突嗎？這些理性與非理性的問題，不斷衝擊讀者，也帶起一連串的驚奇與困惑。

這是一部《神曲》的現代奇幻版，也是企圖顛覆浪漫主義的理性思維。作者不僅很嚴肅地質疑人類在這個世界的角色（有如鬼魂般，缺乏實體），也持續拆穿我們在「幽冥城」的假象與執著。本書媲美英國十七世紀的寓言小說《天路歷程》（*The Pilgrim's Progress*）——這本充滿趣味與奇幻場景的史詩小說，企圖建構一個外在與內心交雜的二元世界。生動的文字、多采多姿的場景描寫、充滿邏輯辯證的對話，極容易帶領讀者進入善與光明的境界，這正是作者隱藏在宗教背後的使命。

如果這僅是一場宗教之旅，那就低估了作者的文學想像；如果這僅是一齣善惡之爭，那也錯讀了作者的文字鋪陳。「天堂與地獄」，在威廉・布雷克（William Blake）的眼中，代表二元對立價值的解構（或融合），魔鬼

（Devil），代表能量與熱情（energy and passion），有時反而是救贖的力量，就連《失樂園》（*Paradise Lost*）作者米爾頓（John Milton）都可能是魔鬼一族。然而，在路易斯口中，「天堂」與「地獄」透過思辨與文字想像，卻代表不同人生道路的選擇。天堂是唯一選擇的道路嗎？小說中，爲何有這麼多人不願搭上通往天堂的巴士？爲何有人中途下車？爲何有人又回頭了？

讓我們以閱讀奇幻文學的心境，來進入敘述者的夢境！問問自己，善惡的道路到底爲何？東方奇幻代表作《西遊記》裡的各種誘惑與業障，在這本西方的「巴士」遊記中，到底有何解答？天堂與地獄的浪漫婚姻，即將瓦解（divorce）。我們進得了天堂嗎？還是寧願滿足於人世與地獄間的種種慾望？

# 自序

C・S・路易斯

布雷克（William Blake，1757～1827）曾寫過天堂與地獄的結合，而我之所以寫它們的離異，不是因爲我認爲自己的天分足以媲美那位曠世天才，也不是因爲我對他書裡傳達的意義有十足的把握——原是因爲就某種層面來說，試圖結合天堂與地獄的這種想法屢見不鮮，而這些人相信：「眞實」從來不會給我們一個「非此即彼」且一定得面對的選擇，只要有技術、耐心，以及（最重要的）充裕的時間，總會找到辦法兩者兼得，然後再靠一些進化、調整或改進，便能多少轉惡爲善，毋須完全摒棄我們想要保有的東西。

但我認爲這種信念是錯的，可能招致災難。你不可能在任何旅行中都隨身攜帶所有行李，有的旅程會要求你把右手和右眼連同其他東西一塊丟棄。在我們住的世界裡，道路並非全由同一個圓的中心輻射出來，只要一直往前走，終會越來越近，最後在圓心碰頭；反倒是在每條道路上走了幾英里之後便會分岔成兩條路，每一條岔路又會再分岔，而每次分岔的時候，你都得作出抉擇。即便從生物層面來看，生命也絕對不像一條河流，而是像一棵樹：它不會匯流合一，反會不斷開枝散葉。生物的成長越趨於完美，便分離得越遠。善在成熟的過程中，不僅和惡越來越歧異，也和其他的善越來越不一樣。

我不認爲選錯道路的人都會被毀滅，但他們的得救必須靠走回正途。以前種種都可以改正，只是一定得回過頭，找到那個錯誤，再從那個點重新開始，別再「繼續錯下去」。惡可以被毀滅，唯不能「進化」成善。時間治癒不了它。要解開這個符咒，得慢慢地「倒念咒語，生出斬斷之力」，否則別無他法。它仍然是一個「非此即彼」且必須面對的選擇。我們若執意保有地獄（甚或塵世），必定見不到天堂；我們若是接受天堂，那麼就連地獄裡最微不足道和最私密的紀念品都不能擁有。我確信，凡是去到天堂的人都會發現他曾捨棄的（即使是挖掉自己的右眼）其實並未失去；就算是他過去最鬼迷心竅的東西，也會出乎意料之外地在「天上國度」等候他。從這角度來看，那些在旅程上已經走完全程的人（只有他們才有資格）說「善即是一切，天堂無處不在」，才是可信的。在道路另一個盡頭的我們，千萬別冀望那種回溯過往的景象，否則可能會死抱著不實又不幸的對話與幻想，以為一切皆為善，處處是天堂。

你會問，那麼塵世呢？我認為沒有人知道塵世其實是個很獨特的地方。我相信如果你捨天堂而選塵世，就會發現塵世自始至終都是地獄的一部分。但若置塵世於天堂之後，則它一開始就是天堂的一部分。

關於這本小書，還有另外兩點得說明。

首先，我必須感謝一位我已經忘了大名的作家。幾年前，我在一本色彩鮮豔，他們稱之為《科學小說》（*Scientifiction*）的美國雜誌裡讀到他的作品。我筆下描述天堂裡的萬物無法彎曲和折斷的特性，靈感即是來自於他，不過當時他是為了另一個更精妙的目的才發揮出這樣的想像力。在他寫的故事裡，主人翁回到了過去，發現雨滴可以像子彈一樣穿透他，三明治硬到無人咬得動——原因在於過去的一切都無法被改變。我把這點子套用在永恆的事物上，雖然原創不足，唯一樣適用——希望如此。如果那篇故事的作者讀到這段文字，盼他能接受我的謝忱。

其次，我懇求讀者記住這只是一篇幻想文。裡面當然（或者說是我刻意表現）有其寓意，但所有超自然的內容描述純屬想像性假設，絕非是在臆測或推想我們以後可能遭遇的事。

最後，我希望這本書能喚起大家對死後世界的眞正好奇。

〈亞當與夏娃創立亞伯的身體〉
威廉・布雷克／繪

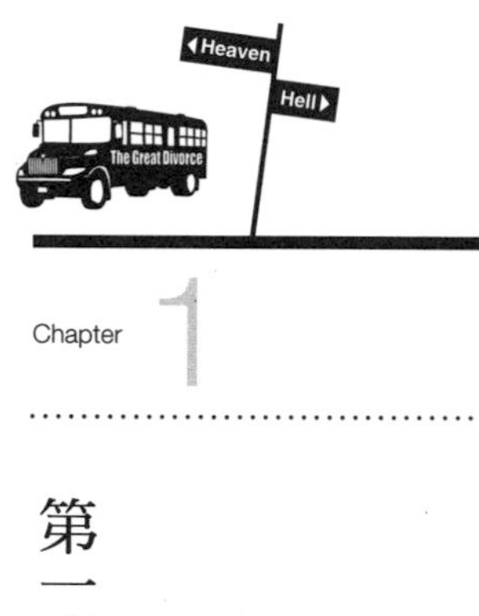


Chapter 1

# 第一章

## 等待巴士

我儼然置身於一行忙碌隊伍裡，隊伍傍著一條破舊長街，暮色才要降臨，天空正下著雨。我徘徊於差不多破舊的街道上已有數小時之久，而且一直在雨中，也始終被暮色籠罩。時間似乎停滯在這陰鬱的一刻，只有幾家店亮起了燈，偏偏天色又還沒暗到讓櫥窗看起來像張燈結綵。就在這傍晚暮色永遠進不去眞正夜色之際，我也始終走不到這座城裡像樣一點的地方。無論走得多遠，都只看見陰暗的房舍、低矮的菸草店、貼著破爛海報的臨時圍牆、無窗的倉庫、沒有火車在跑的貨運站，還有那種狀似會賣《亞里斯多德作品集》的書店。除此之外，遇不著任何人。要不是巴士站有這一小群人，整座城簡直宛若空城。我想這也是爲什麼我一直待在隊伍裡的原因。

我的運氣還不錯，才在隊伍裡站了一會兒，排在我前頭一個脾氣暴躁的女人便衝著像是陪她排隊的一名男子沒好氣地說：「算了，我不想排了，走吧！」語畢旋即離去。那男的以一種不容貶抑的語氣回應道：「別以爲我想去，我只是怕你不高興，想讓你開心而已。不過我很清楚，我的感受當然不重要。」他說到做到，也跟著離開隊伍。

「眞好，」我心想，「一下子前進了兩個位子。」

現在我前面站的是名個兒很矮的男子，他表情極度嫌惡地瞪了我一眼，刻意抬高音量對著前方男子說：「這種事眞會讓人三思到底該不該去。」

「哪種事？」對方粗聲回答，身材魁梧高大。

「我意思是，」矮個兒的男子接話：「這實在很不同於我以前習慣的那種上流社會。」

大塊頭瞥了我一眼說道：「哈，你也受不了他這般沒禮貌吧，先生。你該不會是怕他吧？」他看我沒有表態，索性轉身朝矮個兒說：「對你來說，我們不夠上流，是吧？就跟你那張嘴一樣不夠上流。」說完便朝那矮個子的臉上狠毆一拳，害他四腳朝天摔進水溝裡。「給我躺在那兒——躺在那兒！」大塊頭自顧自地喊道，「怎麼樣，我就是個粗人，我就是這德性，我跟其他人一樣有自己的權利，懂嗎？」

矮個子不想回到隊伍，一跛一跛地走了，我伺機遞補了他的位子，小心翼翼地站在大塊頭後面，慶幸自己又前進了一位。

過了一會兒，排在大塊頭前面的兩名年輕人也手牽手地離開。兩人都穿著褲裝、身材苗條，一逕傻笑、說起話來尖聲尖氣，我都搞不清楚他們究竟是男是女。不過在那當下，他們顯然寧可錯過上巴士的機會，也要與對方為伴。

「我們根本不可能全都擠上巴士。」有個女子大概排在我前頭第四位，正出聲抱怨。「小姐，我出五先令跟你換位子。」有人說道。然後我就聽見錢幣叮咚作響，緊接著那女的尖聲大叫，夾雜著眾人的哄堂大笑聲。受騙的女子從她的位子跳出來，撲上那名騙子，其他人立刻遞補上去，將她擠了出去……就這樣接二連三下來，在巴士出現之前，隊伍人數自動縮短到可以全部擠上去的程度。

那是一部很奇特的交通工具，車身閃著金光，色彩如紋飾般絢麗。司機本身似乎也在發光。他單手開車，另一隻手在臉前揮舞，似乎正揮開雨中油膩的水氣。他一出現，隊伍裡立刻有人咆哮：「他好像挺享受的，是吧？——太洋洋得意了——天啊，就不能表現得『自然』一點嗎？——他自以爲了不起，連看都不看我們一眼——他以爲他誰啊？——金光閃閃、又紅又紫的，我說他們還眞是浪費，爲什麼不乾脆花點錢去整頓整頓這裡的房子？——天啊，我眞想賞給他一點教訓。」我看見司機面無表情，不作任何辯解，八成他天生一副撲克臉，又太專注在自己的任務上。

儘管車上空間充裕，足供所有人上車，等車的同伴們還是爭先恐後。我最後一個上車，車廂內才坐滿一半，於是我選了最後方的座位，與其他人保持距離。偏偏有個頭髮狀似鳥窩的年輕人立刻走過來坐在我旁邊。他剛坐下，車子旋即開動。

# 不得志的詩人

「我想你不介意我跟你同座吧？」他開口說話：「我注意到你對這些同伴的感覺跟我一樣。我不懂他們爲什麼堅持要來？反正等我們到了那裡，他們也不會喜歡那地方，還不如待在原地比較好。不過對你和我來說就不一樣了。」

「他們喜歡這裡？」我問道。

他回答我：「對他們來說其實都差不多——這裡有電影院、有賣炸魚薯條的小吃店、有形形色色的廣告，要什麼有什麼。至於這裡缺少的精神生活，他們完全不在乎。我才到這兒沒多久，就發現不太對勁。我本來應該搭頭一班巴士離開，可是我浪費了一些時間，妄想喚醒這裡的人。我找到幾名舊識，想組成一個小圈子，但他們好像都沉溺在自己的世界裡。甚至在我們來這裡之前，我對於像西里爾．布雷羅①那樣的人就有點懷疑了。我一直覺得這人好虛僞，但至少挺聰明的：雖然創意不怎麼樣，有些評論倒還滿值得聽聽。不過他現在沒別的本事，徒剩自負而已。上次我想唸一些我的作品給他聽，他竟然——啊，等一下，你不妨幫我看看。」

我看見他從口袋裡掏出厚厚一大團打字稿，嚇得我趕緊低聲推說自己沒戴眼鏡，然後大聲地說：「瞧，我們離開地面了！」

這話不假。就在我們下方幾百英尺的地方，城裡潮濕的屋頂半隱在雨霧中，層層相連，一望無際。

譯註：

①此為C．S．路易斯虛構之人物，在本書中做為評論家角色。

Chapter 2

# 第二章

我沒有被那個鳥窩頭詩人騷擾太久，因爲另一名乘客打斷了我們的談話。不過在被打斷之前，我已經知道了這個年輕人的許多事情。

看來他一直有志難伸。他的父母從不欣賞他，他就讀過的五所學校對像他這種才華和性格的人似乎不曾有過任何栽培。更糟的是，考試制度套用在這樣的男孩身上，尤其顯得不公和荒謬。直到上了大學，他才覺悟這些不公不義絕非僥倖碰上，而是我們經濟制度下的必然產物。資本主義不僅奴役勞工，也削弱了品味，使才智變得庸俗，於是禍及教育體系，對新的天才缺乏「認同」。這番領悟使他成了共產主義者。但後來大戰爆發，他看見俄國與資本主義政府結盟，發現自己再度被孤立，只得成爲一名忠於良心的異議者。他承認在這個生涯階段所受到的侮辱令他十分痛苦，於是決定實踐理想，而最好的方法就是前進美國。然那時美國也參戰了。就在那當下，他突然領悟瑞典才是全新和激進藝術的眞正發源地。可是有太多壓迫者不讓他順利成行。他卡在錢關上。他那向來自以爲是、以爲還活在維多利亞時代的父親，給了他一筆少得可笑的零用錢。他還被一個女的欺凌過。原本他以爲她是位深富教養、個性成熟的女士，沒想到她的成見市儈，有狹隘的一夫一妻觀念。他尤其不能忍受「嫉妒」和「占有慾」這兩種缺點。到最後她甚至表現出對錢財的吝嗇，那是壓垮駱駝的最後一根稻草。於是，他跳軌自殺……

我打了個冷顫，但他沒注意到。

他還是繼續說，即便都落到這步田地了，厄運仍然對他窮追不捨。他被送來這座幽冥城。這顯然是個錯誤。他跟我保證，所有其他乘客都會跟我一起搭上回程的巴士，只有他不會。他要留在「那裡」。他有把握他要前往的地方不會再與他纖細敏感的靈魂格格不入，他會在那裡找到對他「肯定」與「賞識」的伯樂。雖然我沒帶眼鏡來，他還是極樂意將西里爾・布雷羅讀過後無動於衷的那一段文字唸給我聽……

恰在那時，我們的談話被打斷。巴士裡原本就在醞釀的爭吵，此刻終於爆發，一時之間乘客驚慌逃竄。有人拔刀，有人開槍，但奇怪的是，這一切似乎都不會造成傷害——等到一切平靜，我發現自己竟然毫髮無傷，只是換了位子和鄰座同伴，那是一位樣貌聰穎的男士，長了個大蒜鼻，戴著圓頂禮帽。我望向窗外，現在的飛行高度高到下方景物都模糊不清。不過我沒看到任何田野、河流或山巒，總覺得自己的視線全被這座幽冥城占滿了。

## 幽冥城的生活百態

我主動開口：「這座城市眞是見鬼了……這也是我不懂的地方，視線所及都是空蕩蕩的。難道以前人口比較多嗎？」

「才沒呢，」我的新同伴說道：「問題出在他們太愛爭吵。通常不管是誰，一抵達這裡就會先在某條街上安頓下來，但住不到一天，便和鄰居起爭執；還沒住滿一個星期，已經吵得不可開交，決定遷居。很有可能他會發現隔壁一條街是空的，因爲住在那裡的人也曾跟鄰居爭吵，然後搬走了。若果眞如此，他就遷過去。要是不巧那條街住滿了人，他會遷得遠一點。可是就算住下來其實也沒差，因爲反正很快又會與人爭吵，又得遷居。照這樣越遷越遠，最後遷移到城市盡頭，自己蓋棟新房子。你也知道，這裡蓋房子太容易：只要用想的，房子就出現了。這也是爲什麼這座城市不斷擴張的原因。」

「結果留下越來越多空蕩蕩的街道？」

「沒錯。這裡的時間有點怪異。我們的巴士站離從塵世新來的人先到的市中心有好幾千英里遠。你遇到的這些人都住在巴士站附近，可是依我們這裡的時間來算，他們其實是費了好幾世紀的時間，一次又一次的遷移，才來到這裡。」

「更早以前來的人呢？我意思是，一定有人更早以前就從塵世來到城裡。」

「沒錯，是有。但是他們不斷遷移，越來越遠，遠到再也沒想過遷回巴士站這裡，因爲距離已經遠如天文數字。我住處附近地勢比較高，那兒有個傢伙有臺望遠鏡，可以透過它看見數百萬英里外那些老前輩住的房子所亮的燈。他們不僅距離我們幾百萬英里遠，也距彼此幾百萬英里遠，而且到現在仍不時遷移到更遠的地方。這是最令人失望的事情之一，我本來以爲可以在這裡遇見一些有趣的歷史人物，偏都遇不到，因爲他們住得太遠了。」

「如果他們曾動身出發的話，還是能趕得到巴士站吧？」

「呃……理論上到得了，只是這距離是按光年計算的。再說現在也不會想來了，至少像帖木兒、成吉思汗或凱撒大帝或者亨利五世這些老傢伙都不會想來的。」

「不想來嗎？」

「是啊。在那些老傢伙裡頭，住得離我們最近的是拿破崙。會知道這件事是因爲有兩個人特意千里迢迢地去找他。當然是在我還沒來之前就出發了，只不過他們回來的時候，我剛好在。照我們這裡的時間算法，那趟旅程大概花了他們一萬五千年的時間。我們現在已經尋見那棟屋子坐落在哪裡，只有像針尖那樣一丁點的光，周遭數百萬英里內空無一物。」

「可是他們眞的找到了那裡？」

「是啊。他幫自己蓋了一棟帝國風格式的豪宅，成排的窗戶燈火通明，只不過從我住處眺望，僅看得到一丁點光而已。」

「他們見到拿破崙了嗎？」

「見到了。他們爬上去，隔著扇窗戶看，拿破崙就在裡面。」

「他在做什麼？」

「他上上下下地走動——一直上上下下地走動，左右來回地走……一刻沒停過。兩個傢伙觀察了他一年左右，發現他從來不休息，嘴裡老在自言自語：『都是蘇爾特的錯、都是內依的錯、都是約瑟芬的錯①，都是俄國人的錯，都是英國人的錯。』就這樣喃喃自語，沒有一刻停下來。他個兒小，胖胖的，看起來有點疲倦，卻似乎停不下來。」

我從車身的震動程度猜得出來，巴士還在行進當中，但從窗外看不到什麼景致來證明這一點，只有鋪天蓋地的灰暝幽暗。

「所以這座城市會繼續無限地擴張？」我說。

「沒錯，」聰明人應道：「除非有人能夠想到辦法。」

「這話什麼意思？」

「嗯……事實上，這正是我此行的目的，不過這事你知我知就行了。這地方的問題出在哪裡？不是出在大家愛吵架——吵架是人的天性，就算在塵世間也一樣。問題出在他們沒有『需求』。你想要什麼，用想的就有了——當然品質有待商榷；所以不管是遷移到別條街還是蓋另一棟房子，都不費事。換言之，這裡的社區生活不是建立在適當的經濟機制上。如果這些傢伙對眞實的商店有需求，就會待在眞實的商店附近。如果他們對眞實的房子有需求，便會待在有建商的地方。社會之所以存在，靠的就是『供不應求』。這正是我此行的目的。我不是爲了自己健康著想才踏上這趟旅程。據我所知，我覺得上界並不適合我。不過如果我回來的時候能順道帶點眞實的商品——什麼都好，只要是能讓你眞的咬一口、或者眞的喝得到或坐得上去的東西……怎麼說呢？只要下界的城裡開始出現需求，我就可以做生意，賣點東西。不消多久，便會有人群居在一起——人口開始集中化。現在他們都散居在廣達數百萬平方英里的街道上，但其實只要有兩條街便足以容納所有居民。到時我不但能小賺一筆，也能造福人群。」

「你的意思是，如果他們被迫住在一起，就會慢慢學會少與人爭執？」

「這我不敢保證，但起碼敢說一定可以要求他們安靜一點。或許有機會設置一支警力，教他們守點紀律，反正——」他刻意壓低音量，「你也知道這樣比較好。大家不也都承認人多比較安全嗎？」

「爲什麼需要安全？」我開口問，孰料我的同伴用手肘推推我，要我別多嘴，我只好換個問題。

「可是你看這地方，」我說：「如果他們可以光靠想的就能得到一切，爲什麼還需要你口中說的那種『眞實的東西』？」

「得了吧，他們會想住在那種可以眞正避雨的屋子裡。」

「所以他們現在住的屋子不能避雨？」

「當然不能，怎麼避雨啊？」

「那麼造這些屋子到底有什麼用？」

聰明人把頭靠近我。

「還不是爲了安全起見，」他低聲道：「至少感覺上夠安全。現在是沒什麼問題啦，不過以後——就難說了。」

「什麼？」我不由自主地跟著壓低音量。

他悄聲地說了幾句，彷彿以爲我讀得懂他的唇語。我把耳朵貼近他的嘴。

「大聲點。」我說。「不久就要天黑了。」他低聲道。

「你意思是這裡的黃昏眞的會變成黑夜？」

他點點頭。

「這跟安全有什麼關係呀？」我追問。

「唔……當黑夜來臨時，沒有人會想出門。」

「爲什麼？」

他的態度鬼祟到我得不斷請他再說一遍才能聽清楚。我被他這樣子搞得有點煩（跟小聲說話的人在一起，多半會有此反應），於是忘了壓低音量。

「『他們』是誰？」我問道：「你擔心他們對你做出什麼事？爲什麼天黑之後，他們才出來？倘眞有危險，一棟靠想像造出來的房子能提供什麼保護？」

「嘿！」大塊頭喊道：「誰在那裡胡說八道？喂，如果不想挨揍的話，就乖乖聽話，別再竊竊私語。我說你們這叫『散播謠言』。都給我閉嘴，聽到沒，猶太佬？」

「沒錯，眞是丟臉啊。應該檢舉他們。他們怎麼混上車的？」乘客們紛紛咆哮。

我前座有個鬍子刮得淨光的肥胖男子，正往後傾身，用文雅語調對我說話。

「不好意思，」他說：「我剛剛忍不住偷聽你們的一些談話。我很驚訝竟然還有這種陳腐的迷信思想。——請原諒我的冒昧。我只能說願主保守我的靈魂。根本沒有證據顯示這裡的暮色就要變成黑夜。在知識分子圈裡，這種看法已經有了革新。我很訝異你們居然沒聽說過。先人那些夢魘式的幻想現正被一掃而空。如今我們在幽冥微光裡所見到的一切，都只是黎明來臨前的應許：整個國度正慢慢轉向光明。這種轉變當然是很慢，難以察覺的。『當白晝來臨時，晨光不僅從東向的窗照進來』②，剛剛我們這位朋友口沫橫飛地談到『眞實』的商品，那全是物質主義，是墮落和世俗！是渴望物質！可是我們看這座屬靈的城市——縱然有很多缺陷，但仍是屬靈的——它就像一座孕育所，人類的創作機能已經擺脫物質枷鎖，正在這裡試著鼓翅高飛。這是很崇高的思想。」

幾個小時過後，情況又有了變化。車廂內出現光。窗外的灰暝從泥灰色轉變成珠白色，然後是淡藍，再變成耀眼的蔚藍。我們似乎飄浮在眞空中，視野裡沒有大地、沒有太陽、沒有星星，只有絢爛的深淵。我拉下旁邊的車窗，沁人的新鮮空氣瞬間竄了進來，然後——

「你搞什麼？」聰明人喊道，並粗魯地橫過身來，猛地拉上車窗，「你想把我們都冷死啊？」

「揍他！」大塊頭說。

我環顧巴士。雖然窗戶關上了，而且很快拉上窗帘，巴士裡仍然充滿了光——冷酷的光。我嚇得不敢看四周那幾張臉和形影，他們的表情固定，充滿了無望。有人滿臉憔悴，有人腦滿腸肥，有人目露凶光，有些人陷在白日夢裡無法自拔……而且所有面孔都某種程度地被扭曲，顯得暗淡無光，讓人覺得這光若再變得更強烈點，他們隨時可能崩成碎片。這時，巴士尾處牆上有面鏡子——我在鏡中看見了自己。

那光依然增強中。

譯註：

①蘇爾特（Jean-de-Dieu Soult，1769～1851）是拿破崙旗下的元帥，內依（Michel Ney，1769～1815）是拿破崙的首席參謀長，約瑟芬（Joséphine de Beauharnais，1763～1814）是拿破崙的第一任妻子。

②英國維多利亞時期詩人克勞夫（Arthur Hugh Clough，1819～1861）所作詩句。

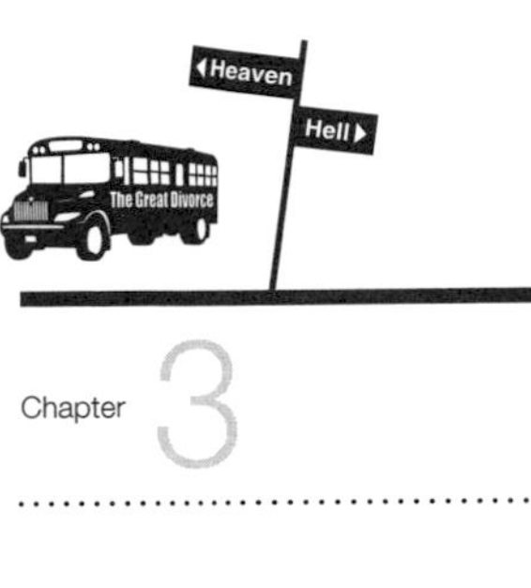


Chapter 3

# 第三章

## 上界國度

前方有峭壁森然出現，筆直的崖壁漆黑光滑，深不見底。我們一直上升，終於在望的崖頂宛似一條翠綠的細線，也像一根被拉緊的琴弦。不久我們滑過崖頂，飛臨一大片平坦的綠色草原，一條大河流經其中。現在我們正在下降，下方幾棵擎天巨木距我們僅二十英尺。這時巴士霍地停住，大家都跳了起來，爭先恐後地下車，詛咒、奚落、毆打、謾罵聲不絕於耳。一會兒過後，他們全下車了，只剩我一人待在巴士裡。在這片清寧中，雲雀的歌聲從敞開的車門飄送進來。

我走了出去，沐浴在猶若夏季清晨的微光與涼意中，略似破曉日出前那一兩分鐘的片刻時光，唯仍有些微差異。我感覺到自己置身於更廣袤的空間，或許是一個比我知識所及還要廣袤的空間；彷彿蒼穹離我們更遙遠，綠野平疇寬廣到非小小地球所能容納。我走「出來」的這動作，就某種意義層面上，似乎使太陽系變得有點像自家斗室裡的東西。我乍有種解脫的感覺，但也覺得被暴露在外，而且可能暴露於某種危險中，這念頭後來一直如影隨形。可是因爲表達不出這種感覺，也沒辦法在後續的描述裡一直提醒你這一點，因此我沒有把握自己能將路上所見所聞如實地傳達出來。

當然一開始，我的注意力都放在同車乘客身上，他們還是三兩成群地聚在巴士附近，不過有些人已經開始腳步猶豫地朝前方的風景走去。我看著他們，不禁倒抽口氣。站在光裡面的他們，全身竟是透明的……當他們站在我和光之間時，通體是透明的；站在樹蔭底下，則模糊混濁。原來他們是幽靈，是明亮空氣裡一抹人形陰影——彷若窗玻璃上的灰塵，你可能注意到它，也可能視而不見。我注意到被他們踩在腳下的草沒有彎曲，連露珠也不受驚擾。

這時我心念一轉，或者說目光重新定焦，結果看見了截然相反的現象。

這些人仍無異於從前，可能也無異於以前的舊識。起了變化的是光、草地和樹木，它們是用某種截然不同的物質構成，比我們國度裡的東西堅實多了，於是相形之下，人就變得像幽靈。我突然靈機一動，彎下腰想摘腳邊一朵雛菊，可是怎麼也折不斷它的莖梗，我試著扭斷，但還是不行。我使勁兒拉，拉到滿頭大汗，甚至兩隻手都脫皮了。

那朵小花的硬實程度絕非木頭或鐵塊可比擬，反倒像是金剛鑽。雛菊旁邊草地上有山毛櫸的一片嫩葉，我想撿起來，結果費了九牛二虎之力才勉強抬起一點點，又趕緊放手。它竟然比一袋煤炭還重。

我站著大口喘氣，俯看那朵雛菊，結果發現我不只能看見雙腳中間的草，也能看穿腳底下的草。原來我自己也是幽靈。這個發現令我吃驚到說不出話來。我心想：「天啊！我完了。」

「我不喜歡！我不喜歡！」有人尖叫。「這裡讓我不舒服！」有個幽靈從我旁邊急奔回到巴士裡。據我所知，她沒再出來過。

其他幽靈原地不動，顯得遲疑。

「嗨，先生。」大塊頭對司機說：「我們什麼時候要回去？」

「除非你們有想回去的念頭，否則永遠不必回來。」他回答道，「喜歡待多久就待多久。」然後是一陣尷尬的沉默。

我耳邊有個聲音響起：「這簡直太可笑了。」一個生性沉默、長相體面的幽靈悄悄走到我旁邊。「鐵定是搞錯了。」他繼續說道：「讓這群烏合之眾在這裡成日遊蕩，根本毫無意義。你看看他們，他們一點也不喜歡這裡，待在家裡還快活些。他們甚至不知道要做什麼。」

「我自己也不清楚要做什麼。」我說：「究竟要做什麼呢？」

「你說我嗎？我等一下就要見客，有人等著見我。我一點也不擔心。只是才來第一天，這裡就擠滿一大群遊客，讓人好不舒服。可惡，我來這裡的主要目的就是想躲開他們！」

他從我旁邊飄走。

我四處張望。儘管他提到「一大群人」，我卻覺得異常孤單，甚至差點沒留意到眼前那一群幽靈。綠意和光亮幾乎吞沒了他們。不過我看得到遠處有一大簇像雲的東西，也可能是連綿的山脈。有時我能隱約辨識得出裡頭峻峭的林木、幽遠的山谷，甚至有山城矗立於人跡罕至的峰頂，然有些時候，卻顯得虛無縹緲。山勢高聳巨大到無法盡納眼底。明亮的光襲罩山頂，斜射而下，將平原上的根根樹木由後拉出長長的黑影。任憑時間流逝，影子不見任何變動。日出的應許——或者說威脅——始終動也不動地停在那上面。

過了許久，我看見有人過來找我們。對方通體發亮，所以大老遠便能瞧見。起初，我不知道他們究竟是不是人。只見他們走了好幾英里，漸行漸近，強健的腳踩踏在潮濕的草皮上，地面為之震動；所到之處，草葉被壓碎，露水四濺，薄霧揚起，馨香瀰漫。有人赤身裸體，有人身穿長袍，唯赤身裸體的美不遜於華服加身，而身上的長袍無法掩飾肉身的魁碩和肌膚的光燦。也有人留著鬍子，但令我驚訝的是我看不出來任何人的年紀。即便在我們那裡，你也能隱約感受到這種無分年齡的現象：嬰兒一臉沉思，老翁表情天真嬉鬧。這裡也是。他們步伐穩健地前進。我不是很喜歡他們的姿態。

有兩個幽靈尖聲大叫，奔回巴士，剩下的人全緊挨著彼此。

Chapter 4

# 第四章

那群堅實的人越走越近，我注意到他們的行動秩序井然，步履堅定，彷彿已在我們這群模糊的幽靈裡各自鎖定了要找的對象。我自言自語：「場面應該很感人吧，也許我不應該待在這裡看熱鬧。」於是藉口探險，悄悄溜走。

巨大的杉木林就在我右方，狀似吸引人，我走了進去，結果發現步履艱難。對我那雙薄弱的腳來說，地上的草堅似金剛鑽，宛如走在皺折密布的岩地上，痛苦程度就跟安徒生童話裡的美人魚姑娘走在陸地上一般。

一隻小鳥從我面前掠過。我眞嫉妒牠。牠屬於這地方，像地上的草一樣眞實，能折彎草梗，濺起露珠。

## 忿忿不平的老闆和已成聖徒的殺人犯

先前我口中的那位大塊頭幾乎也立刻跟在我後面，但更名符其實的稱法應該是「大塊頭幽靈」。一個通身光亮的靈追在他後方，朝他喊道：「你不認識我了嗎？」

我忍不住回頭看。

那位堅實的靈穿著長袍，青春永駐的臉上洋溢著歡樂的表情，令我看了都想手舞足蹈。

「唉，我眞是倒了八輩子的楣，」大塊頭幽靈開口：「我不相信，打死我也不相信。連恩，你也曉得這太沒道理了。可憐的傑克要怎麼辦？你看起來過得挺快活的，但我必須說，可憐的傑克怎麼辦？」

「他在這裡，」對方回應：「如果你留下來，很快會見到他。」

「可是以前是你殺了他。」

「的確是我殺的，不過現在都沒事了。」

「沒事？我看是你才沒事吧！那可憐的傢伙怎麼辦？他還屍骨未寒呢。」

「可是他現在已經不是那樣了。我不是告訴過你了麼，你很快會見到他。

他要我問候你。」

大塊頭幽靈說：「我想知道的是，你在這裡做什麼？你，一個冷血凶手，竟然活得這麼逍遙，而我……這些年來，卻徘徊在下界那幾條街上，住在像豬圈一樣的地方。」

「一開始是有點難理解，不過現在一切都過去了。你馬上會喜歡這裡的，到時你就不用煩心這一切了。」

「不用煩心？你不覺得慚愧嗎？」

「不覺得啊，不過不是你想的那個意思。我的眼裡不會再只看到自己。我的心中已經無我。那場凶殺案過後，我不得不如此。這是我殺了人之後的後果，也是後來一切的開端。」

「就我個人的見解呢……」大塊頭幽靈的語氣分明言不由衷，「就我個人來看，我認爲你跟我應該對調。這是我個人的看法。」

對方說：「如果你不再執著，有可能成眞。」

「你看看我，」幽靈拍拍胸脯說道（但沒有任何聲響）：「我這輩子行得正、坐得直。我的意思並不是說我篤信宗教，也不是說我從不犯錯，那是不可能的。不過至少我這輩子做的事情都對得起自己的良心，你懂嗎？我絕不負人，我就是這樣的人。我從不奢求非我該得的東西。如果我要喝酒，我掏錢自己買——如果我領人家薪水，我一定敬業完工，你懂嗎？我生前就是這樣的人，也不在乎別人懂不懂。」

「最好別再講以前的事了。」

「誰在講啊？我不是跟你吵，我只是告訴你我以前是什麼樣的人。我別無所求，只要求還我一個公道。你可能以爲自己現在這副打扮，就有資格把我踩在腳底下——以前你在我手下工作的時候，可不是穿這樣——，而我現在只是個可憐蟲。但是我跟你一樣一定要得到我應得的權利，懂嗎？」

「哦，不，哪像你說的那麼糟。我沒有得到我應得的權利，否則我也來不了這裡。你也不會得到你應得的權利，你會得到更美好的東西，千萬別害怕。」

「這就是我說的。我沒得到我應得的權利。我總是盡心竭力，從沒做錯過什麼。所以我不明白爲什麼我的境遇竟然比不上一個像你這樣的嗜血凶手。」

「誰曉得你將來的境遇是什麼呢？你只要保持心情的愉快，跟隨我來就是了。」

「你爲什麼一直跟我辯？我只是在告訴你『我是什麼樣的人』，我只要求我應得的權利，不求任何人該死的施捨。」

「那就求吧，立刻求吧，求寶血的憐憫。這裡的一切都只給尋求的人，用錢是買不到的。」

「那這裡還眞是挺合你的胃口呀。如果他們決定讓一個嗜血的兇手進來這裡，只因爲他在最後一刻苦苦哀求，那他們可得小心了。不過我不覺得我可以跟你一樣，你懂嗎？我何苦呢？我又不需要別人憐憫。我是正派人士，而且照我應得的權利來看，我早就該在這裡了。你大可告訴他們這是我說的。」

對方搖搖頭，說：「你這樣絕對行不通，你的雙腳不夠堅實到足以踩在我們的草地上。還沒開始爬山，你就筋疲力竭了。更何況你也曉得你說的不盡然是眞的。」他說道，眼裡閃耀著快樂的光芒。

「什麼不是眞的？」幽靈面露惱色問道。

「你以前並不正派，也沒有盡心竭力。我們當中沒有一個人是眞的正派，也沒有任何一個人是眞的盡心竭力。不過沒關係，主會保守你。沒必要再追究以前的一切。」

「你說什麼!」幽靈倒抽口氣,「你,竟然有臉嫌我不夠正派?」

「當然。你一定要我從頭說起嗎?那我就先從一件事開始說起吧。殺害老傑克不算是我做過最罪不可赦的事——那只是一瞬間的事,而且我犯案的那一刻,已經快氣瘋了。倒是多年來,我在心裡早已蓄意殺害你多次。夜裡我睡不著,就會開始想要是我有機會的話,該怎樣對付你。所以現在我才會被派來這裡找你,請求你的原諒,只要你有需要,隨時做你的僕人,做多久都行,只要你滿意就好。我是罪大惡極,但在你手下工作的人也都有同樣感受。你知道的,你從來不讓我們有好日子過。你也不讓你老婆有好日子過,你對你的小孩也一樣。」

「小子,你少管閒事,」幽靈啓口道:「這不干你的事,懂嗎?你真放肆,居然敢管起我的私事。」

「這裡沒有私事可言。」對方回話。

「那我順便再告訴你一件事,」幽靈說:「你可以走了,我不需要你。我也許是個可憐蟲,但絕對不跟殺人凶手交朋友,更不想聽他的教訓。我讓你還有你那些同夥日子不好過,是嗎?我告訴你,如果能再回到從前,我一定要教你見識一下什麼叫做眞正的苦力。」

「現在就可以讓我見識啊。」對方笑聲朗朗地說：「上山這一路上會很有趣，但也很耗力氣。」

「你該不會以爲我要跟你去吧？」

「別拒絕。你不可能自己走到那裡，我是被派來接你的。」

「原來這是你們的伎倆，對吧？」幽靈喊道，雖然表面忿忿不平，但我總覺得他語調裡有某種程度的洋洋得意。對方正在懇求他，而他可以拒絕，這對他來說像占了上風。「我本來還以爲是什麼無聊的鬼話，原來你們都是一個圈子裡的人，該死的全都一鼻孔出氣。你告訴他們，我不去，懂嗎？我寧願被詛咒也不跟你去。我來這裡是要拿回我應得的權利，你懂嗎？不是哭哭啼啼地跟在你後面等人憐憫施捨。要是了不起到沒有你隨行在旁，他們就不要我，那我回家去。」就某種意義而言，能語帶威脅對他來說堪稱是件樂事。

「我就是要這麼做，」他重複道：「我要回家了。我不是來這裡搖尾乞憐的。我要回家，我就是要這麼做。你們這群該死的……」

最後，他匆匆離開，一路上仍在嘟噥抱怨，只是當他小心翼翼地踏過尖銳的草地時，仍不免被刺得偶爾嗚嗚哀鳴。

Chapter 5

# 第五章

## 主教幽靈

杉樹林裡暫獲片刻寧靜，隨即又被「啪啪啪」的聲響打破。兩頭腳上毛絨絨的獅子跳進空地，眼睛對望了一會兒，接著認眞地嬉戲起來。牠們的鬃毛看似才剛從河裡出來。雖然有樹擋住，可我聽得到附近潺潺的河水聲。我不太喜歡我的幽靈同伴，於是索性離群去找那條河。

我經過開滿鮮花的灌木叢，很快找到了那條河。樹叢幾乎蔓生至河邊，河面宛似泰晤士河平滑，流速卻快如山中溪澗。河上垂枝映繪出淺綠色倒影，但河水清澈到我可以細數水底的石子。

在我附近，我看見另一個光明的靈正在和一個幽靈對話，就是曾在車上跟我聊過，說話頗文雅的那個胖幽靈，他腳上好像打著綁腿。

「我的好孩子，眞高興見到你。」他對那位赤身裸體，通身雪白到令人目眩的靈說道：「前幾天，我還在跟你那可憐的父親聊，納悶你到哪兒去了。」

「你沒帶他來？」對方問說。

「沒有。他住的地方離巴士站很遠，而且老實說，他近來變得有點怪，有點難相處，脾氣不太好。你也知道他向來不夠振作。你還記不記得，以前每次我和你談起正經事，他就跑去睡覺。哦，迪克，我永遠忘不了我們之間的一些談話。我希望你的想法從那時起已經有了改變。你臨終前，變得很偏執呀，不過毫無疑問，你現在的視野又寬廣了。」

「這話什麼意思？」

「這不是很明顯嗎？你當初的想法錯了。我的好孩子，你那時爲什麼那麼相信眞的有天堂和地獄？」

「可是我現在不就在天堂嗎？」

「從靈的層面來看誠然是。不過我還是用那樣的方式相信它們。我的好孩子，我仍在尋找那個國度，但沒有迷信和神話在其中……」

「對不起，那你以爲你先前待的那地方是哪裡？」

「啊，我懂了。你意思是，如果我們的觀察力夠敏銳，那座永遠都在期待天明和無限擴張中的幽冥城——我們必須懷抱希望過日，不是嗎？——它就某種意義來說便是天堂，對吧？這想法眞是太妙了。」

「我不是這意思。你難道不曉得你待的是什麼地方嗎？」

「經你這麼一說，我才想起來我們好像從沒給過它一個名字。你們都稱它什麼？」

「我們稱它爲『地獄』。」

「我的好孩子，沒必要這樣褻瀆它吧。依你對那個字眼的理解來看，我的想法或許不夠正統，不過我眞的覺得這些事情需要單純、嚴肅和虔誠地好好加以討論。」

「虔誠地討論『地獄』？我可不是說著玩的。你眞的待在地獄裡。不過如果你不回去的話，大可稱它爲『煉獄』。」

「別停啊，我的好孩子，再繼續說啊。這才像你。無疑的，你等一下一定會就你的觀點來告訴我，為什麼我會被送去那裡。我不會生氣的。」

「你難道不知道嗎？你會去那裡是因為你背棄了信仰。」

「迪克，你這話當眞？」

「百分之百當眞。」

「這比我預期的還糟。你當眞認為人們會因自己誠實的意見而受到懲罰？你總不至於為了跟我辯論，而假定那些意見是錯的吧。」

「你當眞認為沒有心智上的罪？」

「迪克，當然有。狹隘的偏見，還有知識上的欺騙、膽怯和停滯，這些都是罪。不過無所懼地忠於自己的誠實意見——並不是罪。」

「我知道我們以前經常這樣聊。我當初的主張也跟你一樣，直到走向生命盡頭，才變成你口中所謂『偏執的人』。然這一切都得看誠實的意見是什麼而定。」

「我的意見就很誠實，不僅誠實，而且夠勇敢。我堅持主張，一無所懼。當我那天賦的批判力不再對耶穌復活的教義感到興趣時，我就當場摒棄，傳揚我那些著名的道理，挑戰整個分會，自我承擔所有風險。」

「什麼風險？哪有什麼風險可言，不就是你實際可以得到的名氣、著作暢銷、各方邀約以及最後的主教職位罷了。」

「迪克，你不該這樣說。你到底在暗示什麼？」

「我的朋友，我沒有暗示什麼。你知道麼，我現在全明白了。我們打開天窗說亮話吧。我們的意見從來就不誠實，只是發現自己接觸到某種思想風潮，因爲覺得時髦又很有前景，便一頭栽進去。你也知道，我們在大學的時候只會主動寫那種能得高分的論說文，只挑會有掌聲的主題來談。我們這輩子什麼時候曾單獨誠實面對過這個最重要的問題：這些超自然現象究竟可不可能眞的發生？我們曾努力過讓自己不喪失信仰嗎？」

「倘若你說這話的用意是泛指自由主義神學的起源架構，那我的回答是，這純粹是誹謗。你是在暗示那些人物——」

「我說的不是『泛指』，也和其他人都無關，我只針對你和我。哦，別忘了就像你愛自己的靈魂一樣。你也知道你跟我以前經常暗中搞鬼。我們都不希望對方是對的。我們害怕過於簡單的救世主義，我們害怕違背時代精神、害怕被奚落，尤其……害怕眞正屬靈的恐懼和寄託。」

「我完全不否認年輕人難免會犯錯，他們可能被時下流行的思想風潮影響。但問題並不在於意見如何形成，重要的是它們都是我誠實的意見，而且也眞誠地表達出來了。」

「當然囉，任自己隨波逐流、不抵抗、不禱告，半推半就地接受慾望的誘惑，到了一定的程度，就淪落到不再有信仰。同樣道理，一個善妒的男人，因爲隨波逐流，因爲不抵抗，淪落到一定程度，就會開始相信有關他好友的流言。一個酒鬼淪落到一定程度，便會——暫且地，相信再多喝一杯也無妨。這些信念因爲是人的心理活動，所以很眞誠。如果這就是你所謂的『眞誠』，那麼它們也很眞誠，我們的也一樣。只不過在這個意義層面上，這種錯誤縱然是眞誠的，卻不能算作無辜。」

「你接下來就會爲宗教法庭①的正當性辯解了。」

「爲什麼？難道中世紀的時候走錯方向，便可以因此推論道反向走一定不會有錯？」

「很好，這眞有意思，」主教幽靈說：「這是觀點問題。當然，這是觀點問題。不過話說回來——」

「不用搬出『話說回來』，」對方回答：「一切都過去了。我們現在不必再要把戲了。我之所以談到以前的事——你我的過去——純粹是爲了讓你有機會從此擺脫過去。只要用力一扭，牙齒就扭掉了不是？所以你可以從頭來過，當作以前沒犯過任何錯，潔白如雪。這是眞的！爲了你，祂用大能充滿我。所以我千里迢迢地趕來找你。你已經看過地獄，現在天堂就在眼前。此刻，你願意悔改和相信嗎？」

「我不確定我懂你想表達的重點。」幽靈道。

「我沒有什麼重點想表達，」光明之靈說：「我只是告訴你，你要悔改和相信。」

「可是我的好孩子，我已經相信。我們的看法也許不完全一致，但如果你不明白我的宗教對我來說是一件十足眞實又彌足珍貴的東西，你對我的判斷就完全失準了。」

「很好，」對方似乎改變了計畫。「你願意相信我嗎？」

「怎麼說？」

「你願意跟我上山嗎？一開始腳會很痛，不過以後將會變得堅實。眞實對幽靈的腳來說總是特別殘酷，你願意來嗎？」

「嗯，這趟計畫我得好好考慮。當然，我必須要求某些保證……我必須確定你帶我去的地方是一個更能知人善任的地方——我可以發揮所長——那裡風氣自由，鼓勵追根究底——換言之，就是所謂的文明社會還有……呃……精神生活。」

「沒有，」對方應道：「我跟你保證這些都沒有。沒有知人善任這回事，那裡也完全不需要你，更沒有你可以發揮所長的地方，只會赦免你對才氣的曾經濫用。那裡也沒有追根究底的風氣，因為我要帶你去的不是充滿問題的地方，而是一個俯拾皆答案的地方。你會見到上帝本人。」

「啊，可是我們一定要用自己的方法將那些美麗的詞藻再詮釋一遍。對我來說，這世上沒有所謂『最終答案』。追根究底的自由之風必須不斷吹拂人的思想，不是嗎？『凡事都要講究證據』……滿懷希望旅行總比抵達終點要好。」

「如果那是真的，而且大家都信以為真，誰還會滿懷希望地去旅行？因為反正終點也沒什麼可期待的。」

「可是難道你自己不覺得，『一切都已成定局』這個概念令人窒息嗎？我的好孩子，這就是所謂的『停滯』，有什麼東西比停滯更令人心灰意冷？」

「你會這麼想是因為到目前為止，你只是用抽象的理解力去體驗眞理。但我要帶你去的地方，眞理猶如蜂蜜任你品嘗，猶如每回證婚後新郎環抱你。從此你將不再乾渴。」

「老實說，我對你剛剛描述的那種現成的眞理並不覺得乾渴，因為它只會從中作梗，終止心智的活動。迪克，它能讓我的思想有自由活動的空間嗎？你知道我對這一點十分堅持。」

「『自由』就像一個人喝水的時候，要喝多少都可以，但沒有繼續乾渴的自由。」

幽靈似乎想了一下，然後說：「我不懂這話的意思。」

光明之靈說：「你聽我說，你曾經是個小孩，你曾經知道追根究底的目的是什麼。你曾經因為想知道答案而提出許多問題，一找到答案，就很開心。請再變回那樣的孩子，即便是現在。」

「啊，可是我成年後，就改掉很多幼稚的做法了。」

「你錯得太離譜了。口渴需要喝水，追根究底是為了眞理。而你現在口中所謂『追根究底的自由空間』與你被賦與的聰明才智，就跟自慰和婚姻一樣沒什麼關聯。」

「就算態度上不能恭敬，也沒必要說得這等猥褻吧。你建議我回到孩提時實事求是的求知態度，這讓我覺得太荒謬了。再怎麼說，問答式的思想概念只適用於與事實相關的情況下，但宗教和推理性問題是屬於不同層面的事。」

「我們這裡對宗教一無所知，我們只想到基督。我們也對推理這種東西一無所知。來吧，我帶你去看看永恆的事實——一切事實之父。」

「我強烈反對將上帝形容成『事實』。『至高的價值』比較恰當，它幾乎不……」

「你甚至不相信祂的存在？」

「存在？存在的意思是什麼？你不斷暗示某種靜止的現成事實，也就是所謂的『一直都在』，我們的心必須對它完全服從。但這些偉大的奧妙不能用這種方法去探索。若果眞是這樣——孩子，別打斷我——坦白說，我應該不會有興趣。這沒有宗教的意義。對我來說，上帝是屬靈的，這種靈是芬芳、光亮和寬容的，還有……呃……服事，迪克，還有服事。你知道我們絕不能忘記這一點。」

「如果你對眞理的乾渴完全沒了……」那個靈說道，隨即住口，若有所思，然後又突然開口：「至少會渴慕幸福吧？」

「我親愛的迪克，『幸福』這種東西啊，」幽靈平靜地說道，「等你年紀大一點，就會發現『幸福』只出現在『責任』這條路上。這剛好提醒了我……天啊，我差點忘了，我不可能跟你去，我下星期五得回去朗讀一篇論文。我們在下界成立了一個小小的神學社。是啊，那裡的知識生活很豐富……素質或許不夠高，有些地方似乎無法駕馭——無所適從。但在這方面我可以幫他們忙。社裡甚至出現令人遺憾的猜忌心理……我也不知道原因何在，可是大家的脾氣好像變得比以前大。不過我們本來就不能對人性抱太大的期望。我覺得我可以在他們當中有一番作爲。咦，你怎麼一直沒問我，我的論文主題是什麼。我是利用〈長成基督的身量〉這段經文來發想一個點子，我相信你一定很有興趣。我打算直言指出大家經常忘了耶穌——」說到這裡，幽靈還特地鞠躬致意，「其實很早死。要是祂再多活幾年，或許會放棄某些早期的見解。這相當有可能，因爲祂會變得更圓融和更有耐性。所以我要我的聽眾想一想祂會提出什麼更趨成熟的見解。這是一個十分具深度的有趣問題。要是基督活到祂的巔峰之年，基督教可能有何不同？最後我會點出這個結果是如何深化耶穌被釘死十字架上的意義。這會是有史以來頭一遭有人覺得那是何等可怕的災難，何等可悲的浪費……太多應許被迫中斷。哦，你得走了嗎？好吧，我也該走了。再會了，我的好孩子。眞高興遇見你啊，很刺激又發人深思。再會，再會，再會。」

幽靈點點頭，給了光明之靈一抹牧師風範的開朗笑容——或者說這是他用虛幻的嘴唇勉強能擠出的笑容。然後他轉身離開，嘴裡喃喃自語：「上帝的城市，何等廣大遼闊啊。」

不過我沒有繼續觀察他，因爲我這時突然冒出新的點子。我心想，如果這裡的草堅如硬石，那水是不是也硬到可以在上面行走？我先單腳試踩，發現踩不進水裡，於是立刻大膽地踏上水面，不料馬上摔趴在地，身上瘀青。原來我忘了水對我來說雖然是固態的，但還是帶有很快的流速。

等我好不容易站起來，已經距我剛剛離岸的地方三十碼遠。不過這並不妨礙我往回走，只是我必須走得很快，才能前進一點點。

譯註：

①宗教法庭（Inquisition），中世紀天主教教會用來審判異端所設。

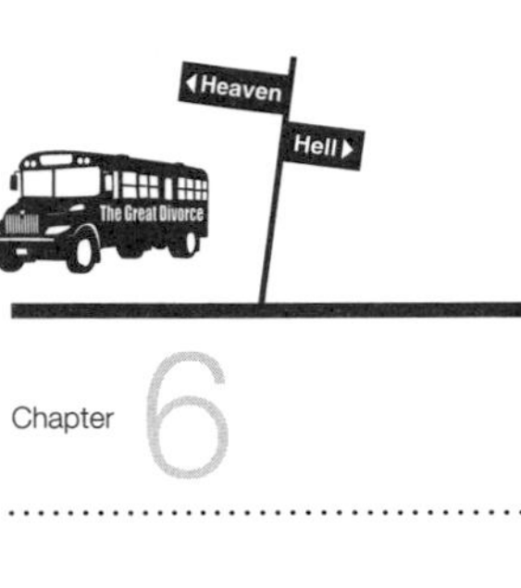


Chapter 6

# 第六章

## 天國的瀑布和蘋果

明亮的河水光滑冷冽，頗合我的脾胃。我大約花了一個小時，在河上走了兩三百碼的距離，然後就越來越舉步維艱。因爲水流變快，不時有狀如大塊薄冰或浮島的水沫朝我襲捲而來，若沒及時躲開，會像石頭一樣撞傷我的小腿。水面起伏不定，形成多處凹陷的漩渦和急彎，水底礫石狀似變形，我根本站不穩，只好爬上岸。不過由於這一帶河岸是由平坦的大岩石構成，我才得以繼續自己的旅程，兩隻腳總算不再遭殃。

這時森林裡傳來嘹亮迷人的振動聲響。

幾個小時後，我繞過一處河彎，終於覓得聲響來源。

在我面前是翠綠草坡自然形成的半圓形山谷，環抱著一泓湖水，飛瀑漫過色彩繽紛的岩石，傾瀉而下，水沫氤氳。在這裡，我再次發現我的感官不同於以往，察覺得到平常覺察不到的景象。在塵世裡，像這樣龐大的瀑布不可能一次盡覽眼裡，而且水聲洪亮到二十英里外的林間都聽得見。在這裡，經過先前的震撼之後，我的感官已經能像一艘破浪前進的堅固大船一樣包容一切。我興奮不已。那聲響雖然排山倒海，卻似巨人的笑聲：彷如一群正在狂歡的巨人，笑聲不斷，跳舞唱歌，喧嘩連連。

離飛瀑直下湖面的不遠處有一棵樹，半隱在氤氳水霧中，樹身被飛瀑的水花濺得濕淋淋的，無以數計顏色鮮亮的鳥兒飛掠樹枝間。如浪起伏的樹葉變幻萬千，樹冠猶如沼澤雲般巨大。從各個角度都能看見樹葉後方有許多閃閃發亮的金蘋果。

突然間，有個奇怪的東西吸引了我的注意力，前方離我二十碼處有株矮小的山楂樹出現異狀。後來我才發現不是那株矮木的問題，而是有個東西緊貼著它。我恍然大悟那是個幽靈。他蹲在那裡，像是在藏匿身影，不想讓矮木後面的某種東西看見。他回頭望著我，不斷示意，要我也蹲下。但因爲我看不到危險，所以一直站著。

幽靈四下窺探之後，不久便冒險走到山楂樹後面。他走得不快，因爲腳下的草很折磨人。不過他已經盡量加快腳步奔向另一棵樹，然後又停下來，貼著樹幹站得筆直，似乎在隱藏自己。由於他被樹蔭遮住，我終於可以看得清楚。原來他就是車上那位戴著圓頂禮帽的同伴，被大塊頭幽靈稱爲猶太佬。他在樹下喘了十分鐘左右，才又小心翼翼地勘察前方地形，然後衝向另一棵樹——這樣的衝法對他來說還算能接受。他就靠這方法多次跑跑停停，總算在一個小時過後抵達了那棵巨樹。換言之，他離巨樹只剩十碼距離。

他被擋在那裡，因爲巨樹四周環繞著百合花，這對幽靈來說是難以克服的障礙，要他走過去，還不如叫他直接踏上反坦克的陷阱裝置。於是他趴臥下來，想從中間爬過去，但百合花長得太密，又無法彎曲。他顯然很怕被發現——每有風吹草動都嚇得他停下腳步，縮了回去。有一次，有隻鳥突然發聲鳴唱，他立刻拚了老命跑回上一個藏身處，偏又擋不住蠢動的慾望，再度緩緩爬向那棵巨樹。我看見他雙手握拳，飽受挫敗的痛苦。

這時似乎起風了，我看見幽靈絞扭著手，將姆指塞進嘴裡——毫無疑問，一定是微風中百合花款擺的莖梗狠狠夾到了他的姆指。登時狂風大作，巨樹開始搖晃。一會兒工夫，五、六顆蘋果掉落在幽靈四周，有的甚至還砸中他。他慘叫一聲，又立刻噤聲。我心想，砸在他身上的金蘋果重量，恐怕會害他傷得很重。果然他有幾分鐘的時間無法動彈，躺在那裡嗚咽啜泣，撫著傷口。

沒多久，他又開始行動。我看見他死命地想將蘋果裝進口袋裡，哎，當然徒勞無功。誰都看得出來他的野心正被迫縮減。他放棄了裝滿口袋的念頭，因為兩顆就裝滿了；然後又放棄了拿兩顆的念頭，決定只拿一顆，而且是最大的一顆——但連這希望也破滅——最後只好找一顆最小的蘋果。他在地上搜尋著能讓他帶走的小蘋果。

令人訝異的是，他竟然成功了。我還記得先前我想舉起地上的葉子有多吃力，因此當我看見那個倒楣的幽靈手裡抱著一小顆蘋果，跌跌撞撞地站起身來時，不由得佩服他。剛剛的傷已經害他瘸了腿，現在再加上蘋果的重量，更似雪上加霜。但即便如此，他還是充分利用各種可能的掩護，扛著自己的苦難，在那條通往巴士的苦傷道上一吋吋地推進。

「傻瓜，把它放下。」一個嘹亮的聲音突然響起。這聲音和我目前為止聽過的聲音都不一樣，這是一種如雷貫耳卻清澈如水的聲音。我雖然驚駭，但很確定那是瀑布在說話。原來祂也是一位光明的天使（雖然怎麼看都像一道瀑布），宛若殉道者一樣緊貼著岩石，無休無止地將自己往下面那片充滿歡笑聲的森林灌注。

「傻瓜，」祂啓口道：「把它放下吧，你帶不回去的，地獄裡沒有空間容納它。留在這裡，學著吃這種蘋果。林子裡的樹葉和草葉都很樂意教你。」

我不知道幽靈有沒有聽到，但不管怎樣，反正他停了幾分鐘之後又帶著苦難重新上路，小心翼翼地繼續前進，直到消失在我的視線裡。

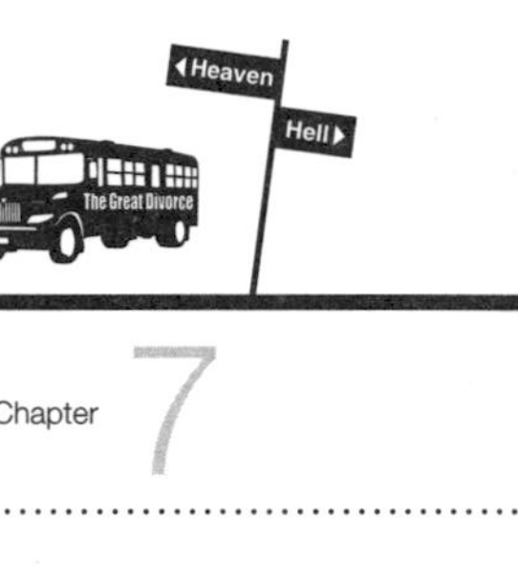


Chapter 7

# 第七章

## 對管理高層的冷嘲熱諷

雖說有點幸災樂禍地看著那個戴圓頂禮帽的幽靈衰事連連，可是當被單獨留在瀑布這裡時，我發現自己竟無法忍受與水巨人同在一處。祂似乎沒注意到我，但我還是很不自在，刻意裝作若無其事地轉身離開。

我踏上平坦的岩地，再度往下游走去，卻開始感覺疲累，看著河床間疾游穿梭的銀魚，恨不得自己也能鑽進水裡游泳。

「想回去了？」近處有個聲音說道。我轉過身，看見一個高大幽靈背靠著樹站著，嘴裡嚼著一根幻影般的雪茄。他是那種看起來個性頑強的瘦削男子，滿頭白髮，聲音粗啞但頗有涵養，是那種我直覺可靠的人。

「我不知道，」我開口相應，「那你呢？」

「我要走了，」他回答道：「我想該看的都看到了。」

「你不想留下來？」

他說：「那全是宣傳手法，我們根本不可能留下來。你沒辦法吃這裡的果物、喝這裡的水，光是在草地上走路就耗掉我們所有時間，壓根兒沒有人可以住在這裡。留下來的說法全是廣告噱頭。」

「那你爲什麼要來？」

「哦，我不知道，只是想來看一看吧。我是那種喜歡眼見爲憑的人。無論去哪裡，我都會去瞧一下那些受到吹捧的東西。我去東方的時候，去瞧了一下北京。我去時——」

「北京怎麼樣？」

「不怎樣。不過就是圍牆裡面還有圍牆，只是招攬觀光客的陷阱而已。我每個地方都去過，尼加拉大瀑布、金字塔、鹽湖城、泰姬瑪哈陵……」

「感覺怎麼樣？」

「不値得一看，全是廣告噱頭，全都由同一批人在運作。你知道麼，有個聯盟——一種全球聯盟，只要拿一張地圖，就可以決定他們要把哪裡變成觀光景點。他們無所謂選哪裡，只要宣傳做得好，一切都沒問題。」

「你住在……下界……的城裡，有段時間了吧？」

「你是說被他們稱爲『地獄』的那座城？那不怎麼樣。他們讓你以爲那裡有烈焰和魔鬼，還有各式各樣有意思的人在鐵架上被烤得嗞嗞作響，譬如亨利八世之流的人物……可是等你到了那裡，才發現它跟其他城市沒兩樣。」

「我比較喜歡上面這裡。」我說。

「我不懂那些談話有什麼用吶。」頑強的幽靈應道：「這裡就跟其他公園一樣賞心悅目，但是讓人很不舒服。」

「好像有個說法是，只要你待在這裡，就可以變得……呃，比較堅實……越來越能適應這裡。」

「這我都知道，」幽靈說：「還不是老掉牙的謊言。我這輩子老是聽到別人對我說同樣的話。在托兒所裡，他們說只要我乖，就會很快樂。在學校，他們又告訴我，只要我繼續學，拉丁文就會越來越容易。婚後一個月，幾個笨蛋告訴我，結婚之初總是比較辛苦，只要多花點心力，很快就會『安定』下來，開始喜歡婚姻生活。但兩次大戰期間，他們怎麼不說只要我夠勇敢，繼續上戰場當彈靶，好日子就會來？所以這裡如果有人笨到相信他們的話，他們當然會不斷搬出那套老掉牙的把戲。」

「可是『他們』是誰？這裡有可能是某個與眾不同的人在管理嗎？」

「全新的管理階層嗎？別相信那一套啦。從來沒有新的管理階層，你會發現還是同一批壞蛋。我太清楚那一套，親愛慈祥的媽咪走進你臥房，從你身上打探出她想知道的所有底細。結果你發現，她其實跟老爸是同一陣線。難道我們不曉得所有戰爭的敵對兩方都是由同一家軍備公司在經營嗎？猶太教徒和梵蒂岡、獨裁者和民主國家以及其他一切團體的背後，也都是由同一家公司在操作。上界這裡的所有東西，跟下界那座城市一樣都是同一批人在管理。他們正嘲笑著我們呢。」

「我還以爲他們兩邊水火不容？」

「你當然這麼以爲，畢竟這是官方說法。可是有誰親眼見過兩方交戰的任何跡象？哦，我知道他們都是這樣說。不過如果雙方眞的在交戰，爲什麼不付諸行動？你難道看不出來如果官方說法屬實，上界的人一定會去攻擊下界城市，殺個片甲不留。他們本領大得很——如果眞的想解救我們，篤定辦得到。可是顯然他們最不想做的就是終止所謂的『戰爭』。整個把戲說穿了就是讓戰爭繼續進行。」

他的說法令我不安，偏偏言之有理。我沒有吭氣。

「反正……」幽靈說：「有誰願意被拯救？在這裡究竟能做什麼？」

「在下界又能做什麼？」我說。

「可不是嗎？」幽靈應道：「反正他們怎樣都吃定你。」

「如果你可以自己做決定，你會怎麼做？」我問。

「又來了！」幽靈洋洋得意地說著，「又是要我擬個計畫。這應該看管理階層能不能找到什麼東西讓我們覺得不無聊才對吧？那是他們的工作，憑什麼要我們來代勞？這就是牧師和道德家把世界搞得亂七八糟的原因。他們老是要求我們改變自己。可是如果經營這場秀的人這麼聰明又這麼無所不能，爲何不找出些方法讓大家都滿意？說什麼我們會越來越堅實，地上的草就傷不到我們的腳，根本鬼話連篇！舉個例子好了，如果你去一家旅館，那裡的蛋都臭了，你對老闆抱怨，老闆沒跟你道歉，也沒換掉乳品供應商，反而告訴你，如果你試著吃它，過段時間後就會喜歡這些臭掉的蛋，你要怎麼辦？」

幽靈停頓了一會兒，接著說：「反正我要走了，你要跟我走嗎？」

我回答：「照你這麼說，不管去哪裡，都沒差。」我心裡好沮喪。「不過至少這裡不會下雨。」

頑強的幽靈說：「只是現在還沒下雨。我的經驗告訴我，如果早晨天氣這麼好，待會兒百分百下雨。天啊，這裡要是下雨的話就慘了！啊，你沒想到這一點嗎？你難道沒想過這裡的水都是固態，每一滴雨都會在你身上打出洞來，就像機關槍的子彈一樣。你懂吧？這就是他們開的小玩笑。先是搬出無法行走的地面和喝不到的水來逗弄你，接著在你身上打出一堆洞。不過他們奈何不了我的。」

幾分鐘後，他離開了。

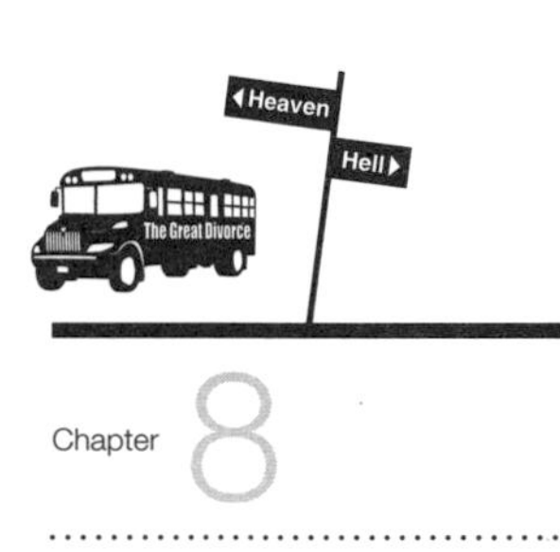


Chapter 8

# 第八章

我動也不動地坐在河邊的岩石上，感覺自己和過去一樣悲慘。我至今沒有懷疑過那些堅實之靈的意圖，而且就算這地方不適合我久居，我也從未懷疑過它的美好本質。但我確實曾經想過，如果這些堅實之靈眞如我所聽聞一兩個例子那般仁慈，他們的確該做點什麼來幫助幽冥城裡的居民……而非只是在草原上跟他們碰面。

這時一個可怕的念頭在我心裡閃現。也許這整趟旅行的目的只是爲了嘲弄幽靈？各種恐怖的神話和教義在我記憶裡湧現。我想到眾神是如何懲罰坦達羅斯①。我想到〈啓示錄〉裡記載，蒙福的靈魂在天上看見地獄的濃煙無休無止地往上竄升。也想到可憐的考柏②夢想自己不會注定萬劫不復，但立刻驚覺這夢想是虛假的，隨即感慨道：「這無疑是祂箭筒裡最鋒利的箭。」還有頑強幽靈對下雨的說法顯然屬實，就算是從樹枝上灑落的露珠，也會把我打成蜂窩。先前我沒想到這一點，差一點就去瀑布裡探險。

從我下了巴士之後，心裡隱約有的危機感一直揮之不去，如今它又被緊急喚醒。我環視周遭林子、花叢以及會說話的大瀑布，開始覺得它們看起來都險惡到令人膽顫心驚。色彩鮮亮的小蟲四處飛竄，要是其中一隻撞上我的臉，會不會也撞穿一個洞？要是停在我頭上，會不會把我壓扁？恐懼在我耳邊低語。「你不屬於這裡。」我還想起了那兩頭獅子。

我漫無目的地站了起來，離開河邊，往林子濃密處走去。我還沒下定決心返回車上，只想避開空曠的地方。只要我能找到一丁點證據證明幽靈的確有可能待在這裡——證明這個選擇不是殘酷的笑話——我就不回去。

於是我繼續往前走，一路上小心翼翼，隨時注意周遭動靜。約莫過了半小時，我來到一處小空地，中央長著灌木叢。我停下腳步，納悶要不要大膽地穿過去，卻在這時發現這裡不只我一人。

## 幽靈的虛榮

一個幽靈蹣跚穿過空地，儘管地表走起來不舒坦，這個幽靈已經盡可能加快腳步，且不時回頭張望，彷彿正被人追捕。我看得出這幽靈是個女的，穿著入時，不過總覺得她那一身華服在晨光下顯得異常陰森蒼白。她朝灌木叢走去，卻怎麼也進不去，因爲枝葉都太堅硬了。不過她還是死命地挨近，似乎相信已經把自己藏好了。

過了一會兒，我聽見腳步聲，某個光明之靈出現。這種腳步聲很容易引起注意，因爲我們幽靈走路不會有聲音。

「走開！」幽靈尖聲喊道：「走開！難道你看不出來我不想被打擾嗎？」

「可是你需要幫助。」堅實之靈說。

幽靈回應：「如果你還有點兒良心的話，就識趣離開。我不需要幫助。我只想自己一個人。快走開，你明知地面很扎人，就算我想躲你，也走不快。你這樣趁我之危，實在太可惡了。」

「哦，原來是這樣！」光明之靈說道：「不過這很快就會改變了。只是你走錯方向了。是在那裡——去山上——你得去那裡才行。一路上你可以靠在我身上。我不可能把你整個人揹起來，但你的腳幾乎可以不必出力，這樣踩下去的每一步就不會那麼痛了。」

「你知道我不是怕痛。」

「那你到底擔心什麼？」

「你難道不懂嗎？你眞的以爲我能——這副德性——去見人嗎？」

「爲什麼不行？」

「要是早知道你們都穿成這樣，我就不來了。」

「我的朋友，我身上什麼也沒穿啊。」

「我不是這意思。快走開！」

「你能不能把話說清楚？」

「如果你不懂我意思，就沒什麼好解釋了。我怎麼可能像這樣走出去站在一群有眞實身體的人當中？這比在世上一絲不掛地走出去還要糟糕。誰都可以透視我。」

「哦，我懂了。可是你也知道我們剛來的時候，也都有點像幽靈，但可以慢慢改變。你只要出來試試看就知道了。」

「可是他們會看見我。」

「看見了又有什麼關係？」

「我寧願死。」

「可是你已經死過了，沒必要再死一次吧。」

幽靈發出一種界乎於嗚咽和吼叫的聲音，她說：「我眞希望自己不曾出生。我們爲什麼要被生出來？」

「爲了無窮盡的福樂。」光明之靈說：「你隨時都可以踏出來，進入福樂裡……」

「我不是說了麼，他們會看見我。」

「一個小時過後，你就不會在乎了。一天過後，你會覺得這件事很可笑。你難道不記得在塵世裡，有些東西燙到連手指不敢碰，但卻可以喝進肚子裡？羞恥心也像這樣，如果你接受它——如果你把杯裡的東西喝到見底——你會發現它其實很有營養。但若試圖用其他方法對付它，就會燙傷你。」

「你說的是眞的？……」幽靈欲言又止。我焦急地等聽下文，覺得自己的命運就繫於她的答案之間。我眞想跪在她面前，求她讓步答應。

「沒錯，」光明之靈說：「來試試看吧。」

我幾乎以爲幽靈就要順服。她移動了一下，又突然大叫：「不，我辦不到！我告訴你我辦不到。你剛剛說那番話的時候，我差點以爲……可是就在緊要關頭……你沒有權利要求我做那樣的事。太噁心了。如果我照辦，我永遠無法原諒自己，永遠無法。這不公平。他們應該事先警告我們，我就不會來了。現在——你行行好，快走開！」

「我的朋友，」光明之靈說：「你可不可以暫時不要想到自己？」

「我已經告訴你我的答案了。」幽靈冷淡回答，卻帶著淚。

光明之靈說：「那麼還有一個辦法。」

那辦法令我大吃一驚，他竟拿出一隻號角吹。我趕緊用手摀住耳朵。號角聲震天響，大地爲之撼動，整座林子跟著震顫。才沉寂了片刻（不過又好像沒有），我馬上又聽見隆隆的蹄聲——起初很遠，等我察覺到那是蹄聲時，已經近在眼前，近到我得趕快找地方躲。但還不及找到，危險已經從四面八方湧現。

一群獨角獸風馳電掣地穿過林間空地，最小隻的獸也有二十七個手掌高，除了眼睛、鼻孔泛著紅光，獸角靛青耀眼之外，全身雪白如天鵝。到現在我都還記得柔軟潮濕的草地在牠們的蹄下嘎吱作響，矮木叢劈啪折斷，而牠們不停地噴鼻和嘶鳴、抬起後腿、下抵獸角、作勢打鬥。當時的我甚至還納悶牠們是爲了什麼戰役在演習。

我聽見女幽靈的尖叫聲，我想她應該是從灌木叢裡落荒而逃——也許朝光明之靈跑去。反正我也不知道，因爲我嚇壞了，倉皇逃離現場，一時間也顧不得腳踩在地上痛不痛，半刻都不敢多逗留。因此我始終不知道那場對話的結果是怎樣。

譯註：

①坦達羅斯（Tantalus），希臘神話中宙斯之子。他被巨石懸頂的死亡恐怖威脅著，水和食物近在眼前卻永遠無法接觸。

②考柏（William Cowper，1731～1800），英國詩人、讚美詩作家、書信作家，同時也是翻譯家。

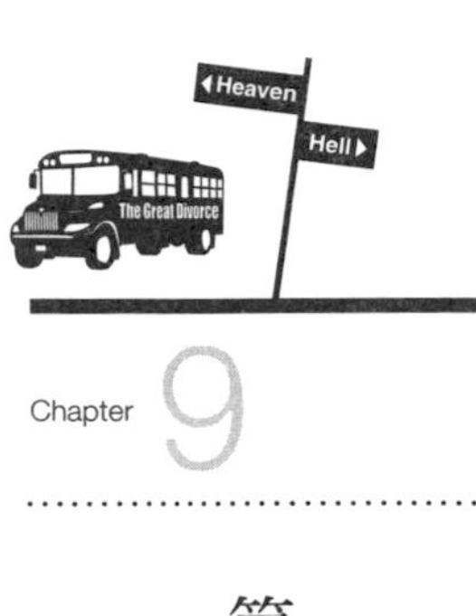


Chapter 9

# 第九章

## 喬治・麥克唐納①的解說

「你要去哪裡？」帶著濃厚蘇格蘭腔的聲音說道。

我停下來張望。獨角獸的聲響消逝已久，我已經逃到空曠地方。我望見那片始終維持日出狀態的山脈，近處小丘上面有兩三棵松樹，還有幾塊平坦的大岩石和石楠。其中一座岩石坐著一個簡直跟巨人一樣高大的人，長長的鬍子隨風飄拂。截至目前爲止，我不曾正視過這些堅實之靈他們的臉。現在當我有機會面對時，我發現看著他們會像看到重疊的影像。於是眼前這人既是一位備受推崇、全身發亮的神祇，青春不老的靈體宛若黃金沉甸甸地壓住我，然同時也是飽經風霜的老人，過去可能是牧者——因為做人實在，觀光客會覺得他很單純，但鄰居卻覺得他很深沉。他眼裡有遺世獨立的先知常懷的神情，而且我總覺得他眼角密密麻麻的皺紋一定早在他重生不朽之前就已經有了。

「我也……不太知道耶。」我說。

「那你過來坐，陪我聊聊。」他說，同時在岩石上挪出位置給我。

我在他身邊坐了下來，說：「先生，我不認識你。」

「我叫喬治，」他回答：「喬治・麥克唐納。」

「哦，」我喊道，「那你來告訴我好了！起碼你不會騙我。」說完我才想到我應當解釋一下為何我對他如此信任，於是戰戰兢兢地試著告訴對方，他的著作對我影響有多大。某個嚴寒的午後，我曾在列德海車站生平第一次買到他寫的《夢想家》（當時我只有十六歲），我那時的心情就像但丁頭一眼見到碧翠絲一樣：新的生命從此開始。我向他坦誠我的新生命有好長一段時間都只存在我的想像裡，我花了多久的時間才勉強承認，他所認定的基督教世界不是意外拼湊出來的理論；還有當時我多不想承認我在他書中第一個找到的品德，就是聖潔。他把手擱在我手上，要我別再說下去。

「孩子，」他開口道：「你的熱愛——所有熱愛——對我來說都無以言傳地寶貴。不過如果我告訴你，這些傳記的細節我都很熟悉，或許可以省掉一點時間。」他這時的樣子突然很有蘇格蘭味，「事實上，我注意到你的那些陳年記憶有一兩項細節記錯了。」

「哦！」我頓時安靜下來。

我的啓蒙導師說：「你方才不是提到一件十分重要的事嗎？」

我說：「先生，我差點忘了。我不是那麼急著知道答案，不過我還是有點好奇。是關於這些幽靈的事。來這裡的幽靈有人留下來嗎？他們可以留下來嗎？他們眞的可以自己選擇嗎？他們怎麼可以來這裡？」

「你從沒聽過『弔宴』嗎？像你條件這麼好的人應該在普魯登修斯②的作品裡讀過，更別提傑瑞米・泰勒③了。」

「先生，這名詞聽起來很熟，不過我恐怕忘了它的意思是什麼。」

「意思是，就算是下地獄的人也有假期——短程旅行，懂嗎？」

「到這裡來旅行？」

「對於那些願意來的幽靈而言的確是。當然大部分的笨蛋都不想來，他們寧願歸返塵世去耍弄那些被你們稱之爲『靈媒』的蠢婦，試圖要回生前房子的所有權，才會發生你們所謂房子鬧鬼的事。不然就是跑去監督自己的子孫。而生前是文人作家的幽靈則是鎮日待在公共圖書館裡，看自己的著作還有沒有人在讀。」

「可是如果他們來這裡，眞的可以留下來嗎？」

「啊，你會發現羅馬皇帝圖拉眞就留在這裡。」

「可是我不明白。難道沒有『最後的審判』嗎？眞的有方法可以脫離『地獄』上『天堂』嗎？」

「這得看你怎麼使用這些字眼。假如他們離棄了那座幽冥城，它就不是『地獄』了；對離開的人而言，那是『煉獄』。也許最好也別稱這裡是『天堂』，這裡還不算是天堂的深處，」他對我微微一笑，「不過可以稱它爲『生命的幽谷』；但對於待在這裡的人來說，它一開始就是『天堂』。而你可以稱下界那些陰鬱的街道爲『死蔭的幽谷』；但對於留在那裡的人而言，它一開始就是『地獄』。」

我想他八成看見我一頭霧水的樣子，於是又緊接著說下去。

「孩子，依你現在的狀態是不會懂永生的意義。連安諾杜斯④從永恆之門望過去，都沒看出什麼訊息了。不過你若認爲善與惡發展完全之後，即可溯及既往，那也算略懂其中皮毛了。對於得救的人來說，不只這座山谷，連一切過往塵事都會變成他們的天堂。但對那些墜入地獄的人而言，不僅幽冥城的暮色在他們眼裡是地獄，連生前的一切亦猶如地獄。這也是世人常誤解的地方。他們總是說塵世的痛苦『是未來的喜樂無法補償的』，殊不知一旦得著天堂，便能溯及既往，將原本的痛苦化爲榮光。至於帶罪的歡樂，他們則說『就讓我擁有它吧，我願意後果自嘗』，卻作夢也沒想到所遭受的天譴將殃及過往，那些帶罪的歡樂也一併被懲罰。這兩種過程甚至在死亡之前就已經出現。好人的過去開始有了變化，就連已蒙赦免的罪和難忘的傷痛都帶著天堂的榮美，而壞人的過往會和他的惡合而爲一，充斥著淒涼苦悶。這也是爲什麼當萬物終了時，這裡永遠是日出，下界那裡的暮色即將變暗。蒙福的人說：『我們總是身在天堂。』迷失的人說：『我們一直都在地獄。』兩方說法都屬實。」

「先生，這好像很難懂。」

「我的意思是，這就是他們說的話背後的眞正意涵。迷失者實際說出來的話，用詞肯定不一樣。他會說不管自己做得對不對，都只是為國盡忠。也有人說他是為了藝術，才犧牲一切。更有人說自己從來沒上過當。還有人說感謝上帝，他向來能把自己照顧得很好。而且幾乎所有的人都會說，至少他們是忠於自己。」

「那麼得到救贖的人呢？」

「啊，得到救贖的人——用幻影的相反來形容他們的遭遇最貼切不過了。剛得到救贖時，看似悲慘的溪谷，如今回頭一看，反成了甘泉；雖然當下只看見荒漠，但真正記在心裡的卻是溢滿水的池子。」

「所以有些人說天堂與地獄的差別只在於心念之間，他們其實說對了？」

「噓，」他厲聲道：「別褻瀆。『地獄是一種心念』這句話再眞實不過，任何一種心念若任由它被關在自己的心牢裡，最終就是地獄。但天堂不是一種心念。天堂是眞實本身，舉凡完全眞實的都屬於天堂的，種種會被動搖的終將被動搖，只有無法動搖的才能永遠長存。」

「可是人死後眞的還有選擇嗎？我的羅馬天主教朋友一定很吃驚，因為在他們看來，煉獄的靈魂已經得救。而我的基督教朋友也不會喜歡這說法，因為他們總是說，樹倒在哪裡，就躺在哪裡。」

「也許他們說得都對。別拿這問題來自尋煩惱，你不可能完全瞭解選擇和時間之間的關係，除非你超脫在這兩者之外。更何況你被帶來這裡的目的，不是讓你研究這類古怪的問題。選擇的本質才是你該關心的事，你可以看看這些鬼魂如何選擇。」

「好吧，先生，」我應話，「這也需要解釋一下。那些選擇回去的靈魂——我還沒見過他們有作過別的選擇——究竟選擇的是什麼？還有他們為什麼會作出這樣的選擇？」

我的導師說：「米爾頓⑤說得對，每個迷失的靈魂所作的選擇都可以用這句話來形容：『寧在地獄稱王，不在天堂為奴。』他們總是堅持保有某種東西，即便代價苦痛，也在所不惜。這世上總是有某種東西令他們喜愛到寧可不要喜樂——換言之，寧可不要眞實。你很容易地從一個被寵壞的孩子身上看到這一點，他寧可錯過遊戲和晚餐，也不願道歉及與人和好。你可以說那是在鬧彆扭。不過在成人的世界裡，卻使用上百種名稱美化它，像是：阿基里斯的憤怒、科利奧蘭納⑥的自命不凡、復仇、懷才不遇、自尊心、悲劇的崇高、恃才傲物。」

「先生，所以沒有人是因為不成體統的惡習才迷失？如果純粹是淫蕩好色呢？」

「當然有人會。告訴你吧，淫蕩好色者起初是在追求真正的歡愉，但它是一種很短暫的歡愉，所以不是什麼太大的罪。可是慢慢的，那種歡愉的強度越來越弱，渴望歡愉的慾望卻越來越強烈，儘管他知道這種歡愉的方法得不到真正的喜樂，他還是愛不釋手，緊緊抱住那永遠無法被滿足的肉慾。他拚死也要保住它，就算能搔點癢也好。若搔不到，他也寧願讓它癢，總比不癢要好。」

他沉默了一會兒，又開口說。

「你以後就會明白。這樣的選擇有無數種呈現方式，有些方式甚至連世人也無從想像。前陣子來了一個人，又回去了——人稱他『阿契柏爵士』。他早年在世的時候，只對生存有興趣，曾寫過滿滿一架子這方面的書。一開始他專研哲學，後來改攻心理研究，爾後竟以它為唯一職志，做實驗、演講、辦雜誌，還四處旅行：從西藏喇嘛那裡挖掘出古怪的故事，主動參與中非的兄弟會。他想找到證據——更多證據——和更多更多證據。若是他看見有誰對別的事情感興趣，他就會抓狂。有一次你們那邊發生戰爭，他到處奔走，呼籲大家別打仗，因爲那只會浪費大筆理當用來做研究的錢。後來時候到了，這個可憐蟲死了，來到這裡，然而宇宙當中沒有任何力量能夠阻止他留下來繼續往山裡走去。可是你覺得這對他會有好處呢？這裡對他來說一點用也沒有。因爲這裡的每個人都已經『生存』下來，自然不會有人對這問題感興趣。根本沒有什麼好再證明的。他的職志完全無法伸展。當然，要是他肯承認自己錯把手段當目的，自我解嘲一番，就可以像小孩一樣重新開始，進入喜樂。偏偏他不願意。他完全不在乎喜樂。最後，他離開了。」

「他眞是不切實際！」我說。

「你這麼認爲嗎？」導師厲色望了我一眼，「他的狀況其實比你想像得更貼近你自身的處境。以前曾有人只想證明上帝的存在，完全不在乎上帝本身——彷彿上帝除了『存在』之外，就沒別的事可做。也有些人一心一意地傳揚基督教，心裡卻從來沒想到基督。唉，這種現象也出現在一些生活細節裡。譬如你絕對想像不到一個愛書成癡的人儘管擁有眾多初版書籍以及作者簽名版本，卻喪失了讀書的能力；或者，一個專門組織慈善活動的人其實早已喪失對窮苦者的愛。這是所有陷阱裡頭最狡猾的一種陷阱。」

我急著改變話題，於是請教他：「既然那些堅實之靈充滿愛心，爲什麼不直接下地獄拯救幽靈，怎只肯在平原上接見他們？要行善便得更積極才對。」

「你以後就會更明白了，也許在你走之前會明白。」他說：「不過我還是得告訴你，爲了這些幽靈，他們大老遠地跑來，所費的心力絕非你所能理解。這裡的每一個靈活著的目的就是要往山裡深處旅行，而今天我們中斷旅行，從無比遙遠的地方折返回來，無非是爲了找機會拯救一些幽靈。當然這麼做對行動者來說也是一種喜樂，但你不能拿這事來責怪我們。因爲就算有可能走得更遠，甚至下到地獄去，也是徒勞無功。正常人總沒有必要爲了幫助瘋子而把自己搞瘋吧。」

「可是那些根本上不了巴士的可憐幽靈怎麼辦？」

「只要想來的都能來，千萬不要害怕。這世上終究只有兩種人：一種人對上帝說：『願祢的旨意成就。』至於另一種人，上帝會對他說：『照你的意願成就吧。』而這種人就待在地獄裡，因爲這是他們自己選擇的——沒有自我的選擇，可能就沒有地獄。眞正渴慕和時常渴慕喜樂的靈魂，都能得著喜樂。尋找的，必尋見，叩門的，就給他開門。」

**是抱怨者，還是成了抱怨？**

這時，我們突然被一個幽靈急促細小的聲音打斷。我們回頭望，只見那人正忙著對一個堅實之靈說話，完全沒注意到我們。雖然堅實之靈不時想插話，但都沒能成功。那位幽靈大概是這樣說的——

「哦，親愛的，這實在太可怕了。我眞不知道我怎麼會來到這裡？我是跟艾莉諾·史東來的。我們把一切都計畫好了，約在辛克街的街角碰面。我把話說得很明白，因爲我太清楚她的爲人，我曾經跟她說過，而且說了好幾百遍，我不要在那個叫瑪裘里班克斯的女人屋子前面碰面，尤其在她那樣對待我之後更是休想……那是我遇過最可怕的事情了。我一直很想告訴你，因爲我相信你會覺得我做得很對。不，等一下，親愛的，等我說完——我剛來的時候，曾試著跟她同住，我們已經說定了，她負責煮飯，我負責理家。我本來以爲在我受了這麼多苦之後，總算可以過點好日子，沒想到她竟然變了那麼多，她變得好自私，半點同情心也沒有，只想到自己……有一次我跟她說：『我眞的認爲我有權利要求你多體諒我一點，因爲你至少活夠了，而我根本不應該在這裡待上這麼多年。』——哦，對了，我忘了你不清楚這裡頭的來龍去脈——我是被謀殺的，天啊，我是被謀殺的。那個人根本不應該幫我開刀，不然我到今天都還活得好好的。他們只會把我放在那可怕的療養院裡挨餓，從來沒有人靠近我，而且……」

喋喋不休的幽靈在光明之靈的耐心陪伴下慢慢走遠，尖銳單調的抱怨聲也隨之消逝。

「孩子，你在煩惱什麼？」我的導師問道。

「先生，我想不透。」我應道：「因爲在我看來，那個不快樂的幽靈不是那種應該下地獄的人。她並不邪惡，只是個愚蠢饒舌的老太太而已，習慣了抱怨，覺得只要多給她一點愛、多給她一點時間休息、多一點改變，就沒事了。」

「她以前是這樣，現在或許也是——若是如此，一定可以被治癒。不過根本問題繫於她現在是否還是一個抱怨者？」

「她當然是。」

「哦，你誤會我的意思了。這裡的問題卡在，她究竟是個抱怨者，或者純是一堆抱怨而已？如果在那堆抱怨裡頭，仍找得到一個眞實的婦人——就算只有一點痕跡都好——她都可以重新復活。灰燼裡只要還有一丁點星花，我們都能把灰燼吹得發紅通亮。但如果什麼也不留，徒剩灰燼，根本用不著吹它，直接掃掉就行了。」

「可是怎麼可能只有抱怨卻沒有抱怨者？」

「地獄之所以難以瞭解，原因就在於能瞭解的事情幾近於零。不過你將來會懂的……一開始你只是有抱怨的情緒，自己還是能從情緒裡跳脫出來，甚至回頭批評幾句；而在心情低落陰鬱的時候，你可能執意想要保有那種情緒，抱著它不放，但你可以悔改，再次脫離它。不過可能有一天，你再也走不出來了——於是這情緒裡頭再也沒有你的存在，你甚至無法享受它，只剩下抱怨宛如機器永遠運轉不停。不過，來吧，你來這兒是爲了觀察和傾聽。你就靠在我臂膀上，我們走一走吧。」

我照做。倚著一位長者的臂膀走，這種經驗就像又回到孩提時。在他的攙扶下，我發現走路不再那麼痛苦，甚至自我抬舉應該是我的雙腳變得稍微堅實了一點，直到瞥見自己透明的身影，才恍然大悟之所以走得輕鬆，其實是得力於導師強壯的臂膀。也許就因爲他的存在，我的其他感官跟著敏銳起來。我注意到空氣中有我以前聞不到的香味，整片田野像換上美麗的新裝，四處水光粼粼，一簇簇小花在清晨微風中款擺輕搖。我們望見遠方林子裡有野鹿閃現，有一次，竟有一隻毛色光滑的豹子走到我同伴身邊，喵嗚磨蹭。我們還看見了許多幽靈。

## 起不了作用的狐狸精

在我看來，最可憐的是一個女幽靈。她的問題和先前那位被獨角獸嚇壞的女幽靈完全相反。這位似乎不曉得自己的外表是個幽靈。當時有不只一個堅實之靈在跟她說話，起初我不太懂她在他們面前所表現的行爲。她好像正不斷扭曲著自己那張看不見的臉，而且毫無意義地搖擺著那宛若輕煙的身子。最後我得出結論——雖然這結論似乎令人無法相信——她自以爲猶有吸引男人的魅力，因此正使出渾身解數。她這種人興許只會把談話當成勾引人的手段。但試想一具已經腐朽的屍體從棺木裡爬出來，在牙齦上塗抹唇膏，試圖調情，結果當然是再毛骨悚然不過。最後她只能嘴裡嘀咕：「全是笨蛋。」轉身回巴士。

這使我想到我該請益導師對獨角獸那件事的看法。他說：「那方法也許有效，你應該猜得出來他是存心嚇她，但這意思並不是說恐懼本身可以幫忙她擺脫掉一些幽靈的成分，反而是要爲讓她暫時忘卻自己的幽靈身分，於是在那個當下，就可能有機會得救。我曾見過有人靠這方法得救。」

## 奇怪的來訪動機

我們又見到幾個幽靈，他們之所以來到天堂，僅是爲了告訴天國裡頭這些靈關於地獄的事。這的確是普遍有的目的之一。也有人或許（跟我一樣）曾爲人師表，所以想針對這個主題發表一點演說。他們帶來了滿是統計數字的厚重筆記本和地圖（其中一位還帶來了一臺神奇的幻燈機）。有些人想聊聊他們在下界遇見了哪些歷代的著名罪人以及他們的軼事。不過大部分的人似乎都認爲既然自己都這麼悲慘了，所以更可以理直氣壯。他們高聲喊道：「你們在這裡過著安逸的生活，完全不知曉黑暗的一面。所以我們要告訴你們，告訴你們一些無法否認的事實。」——彷彿讓天堂染上一點地獄的陰影和色彩，便是他們此行的唯一目的。不過截至目前，就我對下界世界的探索結果來研判，所有幽靈都一樣不可靠，都對所到之處漠不關心。他們拒絕任何人的試圖指導。當他們發現沒人肯聽他們說話，便會一個個掉頭轉身，返回巴士去。

但這種渴望描述地獄的心理，原來只是幽靈普遍用來展現野心的一種最溫和手法。而他們的野心就是擴張地獄——如果可以的話，他們想把地獄帶進天堂。有些幽靈說起話來慷慨激昂，他們用蝙蝠一樣的細弱聲音催促那些蒙福之靈擺脫身上的枷鎖、逃離福樂的桎梏、親手毀掉高山，「為自己」奪取天堂，地獄願意全力配合。也有專事規畫的幽靈懇求他們在河裡打造水壩，砍伐林子，宰殺動物，建造高山鐵路，以及鋪上柏油，鏟平可怕的草地、青苔和石楠。更有些物質主義的幽靈告知這些不朽之靈其實受騙了：死後根本沒有永生，這整個國度只是一種幻覺。還有些幽靈很簡單老實，純粹只想當鬼，很清楚自己肉體已經朽壞，十分安於鬼怪的傳統角色，而且似乎希望自己沒事能夠嚇嚇人。

我不知道這些企望能否實現。但我的導師提醒我，嚇人的樂趣在世上也不是什麼新鮮事，而且還告訴我塔西陀⑦曾說：「他們嚇人的目的是不讓自己害怕。」當一個人發現自己身體腐朽，化爲鬼魂時，會頓時明白「我現在已經變成人類懼怕的對象，我只是荒涼墓地裡的幽影，一個本不應存在卻不知怎地存在的恐怖東西」。於是對他來說，嚇唬別人似乎可以讓自己不會淪爲一個害怕幽靈的幽靈……甚至害怕自己的幽靈——因爲害怕自己是更等而下之的可怕經驗。

不過除了這些之外，我還看見其他奇形怪狀的幽靈，幾乎快要沒有一絲人樣。這些怪物也許千里迢迢地跋涉至巴士站，然後來到這處生命幽谷。他們一跛一跛地踏過折磨人的草地，只爲了一吐爲快他們對喜樂的妒嫉和鄙視（尤其令人費解的地方）。這趟旅程似乎是他們必須付出的一點代價，只要有機會看一眼那永恆的黎明，他們便能對那些自命不凡的傢伙、紈袴子弟、僞善的騙子、勢利小人及有錢人說出對他們的看法。

「他們到底爲什麼要來這裡？」我問導師。

他說：「我看過有人徹底的改變。你以爲罪孽不深的人，反倒回到了地獄。而有時候那些厭惡良善的人，會比對良善一無所知、卻自以爲良善的人更抱有良善之心。」

## 名氣不再的藝術家

「先別出聲！」我的導師突然說道。

當時我們站的位置離灌木叢很近，我看見樹叢後面有個堅實之靈和一個幽靈顯然才剛碰面。那幽靈的樣子看起來有點眼熟。我隨即想到我在世時並未見過他本人，但是看過他在報上的照片。他曾經是著名的藝術家。

幽靈環顧四周景致，開口說：「上帝啊！」

光明之靈問道：「上帝怎麼了？」

「你說『上帝怎麼了』是什麼意思？」幽靈反問。

「在我們的文法裡，上帝是一個名詞。」

「哦，我明白了。不過我的意思只是『天啊』之類的驚嘆語。我意思是——這些景致很——它很——我想把它畫下來。」

「如果我是你的話，我目前不會去操這個心。」

「嘿，難道這裡不准畫畫嗎？」

「要先『看』才行。」

「可是我已經看過了。我已經看到我想做的事了。上帝啊！……要是我當初記得帶畫具來就好了。」

光明之靈搖搖頭，髮梢上的光跟著灑落。「那種東西在這裡不能用。」

「這話什麼意思？」幽靈說。

「你在世時之所以作畫——至少是你在世早年的時候——是因爲你從世上的景物窺見天堂。你的畫作會成功，也是因爲它也能讓別人從中窺見天堂。可是在這裡，你已然擁有天堂。天堂的信息全來自於這裡，所以不用再告訴我們這裡有什麼，因爲我們已經看到了。事實上，我們看得比你清楚。」

「所以在這裡繪畫一點用也沒有？」

「我沒有這樣說。等你轉化成光明之靈——沒關係，我們都得經歷這一段——有些東西你會看得比別人清楚。到時你想做的其中一件事就是把你看見的告訴我們。不過時候還沒到，目前你的工作只是看。來吧，到處看看吧。祂是無窮盡的，儘管來，餵飽自己。」

幽靈短暫沉默之後，悶悶地說：「哦，好啊。」

光明之靈伸出手臂說：「那就來吧。」

幽靈問：「你認爲我還要多久才可以開始作畫？」

光明之靈笑了出來，「你難道不知道如果你一直想這件事，永遠都不可能作畫。」

「什麼意思？」幽靈問。

「如果你是因爲想畫這裡，才對這裡有興趣，你就永遠學不會怎麼看待這個地方。」

「可是眞正的藝術家都是爲了畫畫，才對那地方感到有興趣。」

光明之靈說：「不，你忘了。你一開始並非這樣。起初你愛的是光本身，你之所以熱愛繪畫，只是把它當成一種表現光的手法。」

「哦，那是很久以前的事了。」幽靈說：「人長大了，總會跳脫那個階段。你還沒看過我後期的作品呢，畫家會越來越喜歡爲了繪畫而繪畫。」

「的確是。我以前也是經過一番努力才回到初始。那全是陷阱。墨水、琴弦和顏料都是下界不可少的東西，但它們也是危險的刺激品。詩人、音樂家和藝術家若未蒙恩，都會被引誘，從喜歡表現的那個素材，轉變成喜歡表現，最後墮落到『地獄深處』，對上帝本身再無興趣，只對『自己對上帝的看法』這件事有興趣。不過他們的興趣不會僅止於畫畫，反而沉淪得更深——漸漸對自己的個性有興趣，最後只對自己的名聲有興趣。」

「我想我沒有這方面的問題。」幽靈頑固地說。

「那太好了。」光明之靈應道：「剛到來的時候，很少人可以完全克服這一點。不過就算仍有些微發炎現象，等走到了泉源那裡，也可以治癒。」

「什麼泉源？」

「在山上，」光明之靈說：「那裡的水很冰涼很清澈，就在兩青山之間。有點像忘川。喝了它之後，你會永遠忘記你曾經擁有的作品。你會把它們當作別人的作品來欣賞，沒有驕傲，也沒有謙卑。」

幽靈冷冷地說：「好極了。」

「那麼來吧。」光明之靈說道，隨即扶著步履蹣跚的幽靈往東邊走去。

「應該可以再遇到一些有趣的人吧……」幽靈似乎正在自言自語。

「這裡每個人都很有趣。」

「呃……是啊，的確如此。我的意思是說我們這一行的人。我會見到克勞德⑧還是塞尚⑨？或者……」

「遲早的事——只要他們在這裡。」

「你不知道他們在不在這裡？」

「當然不知道。我才來這裡幾年而已，一直沒機會遇見他們。你也知道，我們人數眾多。」

「可是如果是很有名的人，你總該聽說過吧？」

「他們不有名啊——他們跟其他人沒兩樣。你不明白嗎？榮光會流進流出每一個人身上，就像光和鏡子一樣。但光才是重點。」

「你意思是這裡的人都沒有名？」

「他們都很有名。因爲負責公義審判的主知道他們、記得他們、認得他們。」

「哦，當然，從那個層面來看是如此……」幽靈說。

「別停下來。」光明之靈繼續引導他前進。

「不過只要能留名於後世，就該滿足了。」幽靈又說。

光明之靈問說：「朋友，你難道不知道嗎？」

「知道什麼？」

「你我早被世人遺忘。」

幽靈鬆開手，大聲喊道：「什麼?你是說那些該死的鄉土主義分子最後得勝了?」

「是啊，願天主愛你!」光明之靈回道，再次笑得全身抖動發亮。「我的畫作和你的畫作在今天的歐洲或美國都賣不到五鎊的價錢，我們已經過時了。」

幽靈說：「我必須立刻離開。讓我走!該死，我們對藝術的未來負有責任。我必須回去找我朋友，我們得辦份期刊，展開宣傳。讓我走啊，這不是開玩笑的!」

說完不等光明之靈回答，幽靈便消失了。

譯註：

①喬治・麥克唐納（George MacDonald，1824～1905），蘇格蘭文學家，十九世紀中葉兒童奇幻先驅。

②普魯登修斯（Prudentius），古羅馬後期的著名詩人之一。

③傑瑞米・泰勒（Jeremy Taylor，1613～1667），英國教士和神學家。

④安諾杜斯（Anodos），《夢想家》（*Phantastes*）書中的主人翁。

⑤米爾頓（John Milton，1608～1674），英國詩人、思想家，在其史詩作品《失樂園》（*Paradise Lost*）中，以「王冠的象徵」和「無形之形體」來形容地獄大門的守護者。

⑥科利奧蘭納（Coriolanus），西元前五世紀的羅馬將領。

⑦塔西陀（Tacitus，55AD～117AD），羅馬帝國執政官、雄辯家、元老院元老，也是著名的歷史學家與文體家。

⑧克勞德指的是莫內（Claude Monet，1840～1926），法國畫家，是印象主義的創立者之一。

⑨塞尚（Paul Cézanne，1839～1906），著名的法國畫家，風格介於印象派到立體主義畫派之間。

Heaven
Hell
The Great Divorce

Chapter 10

# 第十章

## 把我丈夫還給我——我才有事情做！

我們也聽到了這則對話。

一個女幽靈對一個女的光明之靈說：「這不太可能。如果要我去見羅伯，我就不想留下來。我當然會原諒他，但其他的事就免談了。他怎麼會在這裡？——不過那不關我的事。」

對方說：「可是如果你已經原諒他，當然——」

幽靈回應：「身為一個基督徒，我可以原諒他，然而有些事情你永遠忘不了。」

光明之靈說：「我不懂……」

幽靈輕笑道：「沒錯，你從來不懂。我知道，你總是以爲羅伯不會犯錯。先別打斷我。你根本不知道你那親愛的羅伯害我經歷過什麼。那個忘恩負義的傢伙！是我讓他變成男子漢的！我把我這一生全奉獻給了他。結果他回報我的是什麼？絕對徹底的自私自利。不，你聽我說！當年我嫁給他的時候，他成天渾渾噩噩地過日子，一年只賺六百鎊。希爾妲，你聽我說，要不是我，他到死都別想升官。是我鞭策著他一路往上爬。他一點野心也沒有，我就像費力扛起煤炭似的，得一直催促他到別的部門兼點差，才開始了他一切成就的起點。這男人眞是有夠懶！他說，拜託，他一天工作不能超過十三個小時！說得好像我的工時比他短似的。他下了班，我都還沒下工呢。我得敦促他晚上繼續工作，你懂我意思吧。如果放任他的話，他吃完晚飯，就只會坐在扶手椅裡發呆——得靠我把他拉出來，叫他振作，逗他說話才行。當然，他根本不合作，有時候甚至不聽我的話。我告訴過他，別的不說，最起碼他的態度要好一點吧……他似乎忘了，雖然我嫁給他，但我終究也是個淑女，而且一直爲他拚死拚活，他卻沒有心存感激。我以前會花好幾個小時插花，將那棟小屋子布置得美侖美奐。結果他非但不感激，你猜他怎麼說？他說他要用書桌，別在上頭擺滿花。還有一天晚上，我不小心把花瓶的水灑在他的幾張紙上，他竟然大發雷霆。這實在太可笑了，那幾張紙根本跟他的工作毫不相干。那陣子，他異想天開地想寫書——好像他很在行似的，還好最後我把他拉回來了。

「不，希爾妲，你聽我說。我爲了招待他的客人，費了多大的工夫啊。羅伯原本只想偶爾自個兒出去見見他所謂的老朋友——留我一個人在家裡。可是我打從一開始就知道那些朋友對他沒半點好處。於是我說：『不行，羅伯，你的朋友從現在起就是我的朋友。不管我再累，也不管我們能不能負擔得起，我都有責任在家裡招待他們。』你一定以爲這樣說就夠了。可是他們的確來家裡玩了幾次，而這也是我得用點心計的地方，機靈的女人總是有辦法隨時插上幾句話。我的目的就是要讓羅伯在不同場合裡見到他們。結果不知怎麼搞的，他們在我的起居室裡竟然很不自在，舉止表現糟糕透了。有幾次我都忍不住笑出來。當然在這段矯正的過程中，羅伯很不好過，但這都是爲了他好。結果到了第一年年底，那幫人裡頭再沒有一個願意跟他當朋友。

「後來他有了新的工作，往前邁進了一大步。結果你猜怎麼著？他竟然不明白我們總算有機會可以大展身手，反而跟我說：『好了，看在上帝的分上，我們過點太平的日子吧。』我差點被氣死，想乾脆放棄他算了。不過我知道我的責任所在。我從不逃避責任。你不會相信我花了多大工夫才說服他同意搬家，找棟更大的房子搬進去。要是他當時爽快地答應我……或者有一點點地樂在其中，我其實根本不會跟他計較什麼。假如他個性不是這樣，那麼在門口迎接他下班的感覺一定很有趣。我會對他說：『來吧，羅伯，今晚沒空吃晚餐了。我剛聽說瓦福德附近有棟房子，我拿了鑰匙，我們可以過去看看，一點鐘以前就能回來了。』但跟在他一起，希爾妲，生活眞是悲慘極了。因爲你那可愛的羅伯在那時候，已經變成一個只在乎吃吃喝喝的人了。

「不過我最後還是把他弄進了新房子裡。是啊，我知道，當時我們手頭的確有點緊。但是他前途開始大好。當然我也開始招待客人，再也不必管他那群豬朋狗友，眞是太好了。我這麼做，還不是爲了他。在他結交的那幫朋友裡頭，對他有用的朋友全是拜我之賜。所以我自然也得精心打扮。那幾年應該是我們一生當中最快樂的時光——如果不是，也是他咎由自取。哦，他是個瘋子，眞的很瘋！他只會放任自己混吃等死、話也不說，脾氣又壞，陷在自己的世界。要是他肯花些心思，絕對可以讓自己看起來年輕點。他也不需要走路彎腰駝背啊……這件事我起碼警告他很多次。他是最糟糕的主人。每次我們舉辦派對，都是我一手包辦，羅伯只會澆人冷水。就像我跟他說過的——其實我已經跟他說過上百遍了——他以前並不是這樣。他曾經對各種事情都很有興趣，而且樂於交朋友。我常說：「你到底怎麼回事？」但他就是不回答我。他只會坐在那裡，瞪大眼睛看著我——害我現在都很討厭黑眼睛的男人。現在我知道了……他恨我。這就是他給我的回報。在我爲他做了這一切之後，在他變得比以前所能想像的還要富有時，他竟然恨我，毫無理由地恨我。我曾經跟他說：『羅伯，你太不思振作了。』來我們家玩的年輕客人也常笑他。其實就算他們喜歡我勝過於我那糟老頭子一樣的丈夫，也不是我的錯啊。

「我自始至終都盡了我的本分。我逼他運動——這也是我養大丹狗的主要原因。我不斷舉辦派對，我帶他去度最棒的假。我感覺得出來他酒沒喝很多。即便在越來越走投無路的時候，我還鼓勵他重新執筆寫作，反正那時候也沒什麼害處了。要是他最後精神眞的崩潰了，我又能怎麼辦？我對得起自己良心。對他，我已經盡了一個女人應盡的所有責任了。所以你現在應該明白我不可能……

「不過……我不知道。我想我改變主意了。希爾妲，我們來個公平的交易好了。如果只是見他而已，那我情願不見。但如果放手讓我全權處理，我願意再接手照顧他。我可以再次揹起擔子，不過一定要放手讓我全權處理。反正這裡有的是時間，我相信我還是可幫他改過自新——只要有個安靜的地方給我們待就行了。這計畫不是很棒嗎？他不適合自己獨立，就讓我來照顧他吧。他需要被人嚴格管理。我比你更瞭解他。你覺得怎麼樣？不，把他給我，你聽到了沒？不必問他，只要把他給我。我是他太太，不是嗎？我才剛開始而已，還有好多好多事情想跟他一起做。不，希爾妲，你聽我說，拜託你，拜託你！我很可憐。我必須找個人……讓我有事情做。下界那裡好可怕啊，根本沒有人在乎我，我又不能改變他們。看著他們都坐在那兒，卻什麼事都不能跟他們一起做，那感覺好可怕。把他還給我。爲什麼一切由他自己作主？這對他不好。這是不對的，這不公平。我要羅伯。你憑什麼不讓我見他？我恨你。如果你不把他還給我，我怎麼報復他？」

那個幽靈如行將熄滅的燭火，身影慢慢拉長，倏地熄滅。空氣中頓時瀰漫著一股酸臭枯乾的氣味，女幽靈從此消失不見。

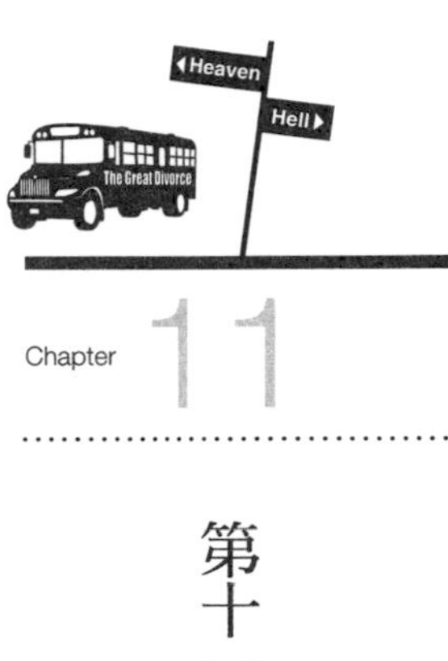


Chapter 11

# 第十一章

## 把我孩子還給我！

我們目睹過最痛苦的場面之一，是另一個女幽靈和光明之靈之間的會晤，那個光明之靈顯然是她以前的兄弟。他們應該剛碰面沒多久就被我們撞見，因爲女幽靈正用一種不掩失望的語氣說：「哦……雷吉納，是你嗎？」

「是的，親愛的。」光明之靈說：「我知道你在等別人。你能不能——我希望即使你現在見到的是我，也可以很高興。」

「我以爲麥可會來，」女幽靈應道，接著又近乎激動地說：「他一定在這裡吧？」

「他在那裡，很遠的山上。」

「那他為什麼不來見我？他不知道我來了嗎？」

「親愛的，別擔心，很快就會見面了——目前還不適合，時候未到。依你目前的狀況，他根本看不到你，也聽不到你。對麥可來說，你是隱形的。不過我們很快會讓你堅實起來。」

「如果你能看得到我，我想我兒子應該也可以。」

「也不盡然。你知道的，我是專門做這種工作的。」

「哦，所以這是『工作』囉？」女幽靈厲聲說道，停頓了一會兒才又開口：「要到什麼時候才准我見他？」

「潘，這裡沒有所謂准不准的問題，只要他能看到你，自然會來見你。但你得讓自己變得堅實一點。」

「怎麼變呢？」女幽靈說道，語氣很硬，帶有威脅的意味。

光明之靈說：「第一步恐怕最難，不過之後就會像著火的房子一樣迅速蔓延，進展很快。等你變得不止想見麥可，也想見到別人時，你就堅實到足以讓麥可看見你了。我的意思不是要你一開始就『愛別人勝過麥可』，但以後便會了。我們只是需要對上帝有一點渴慕之心，才能展開整個過程。」

「哦，你是指宗教這一類事情？現在這時機不太對吧……而且也不該由你來告訴我。好吧，無所謂啦，需要我做什麼，我都配合。你要我做什麼？來啊，越早開始，就能越早見到我的孩子。我已經準備好了。」

「可是潘，你要好好想清楚。難道你不知道在這種心態下的你，根本無法開始嗎？你把上帝當成一種可以會見麥可的手段，但是在整個變堅實的療程裡，你必須先學會純粹爲了信仰上帝而信祂。」

「如果你是爲人母，就不會這麼說了。」

「你意思是，如果我只是個母親的話。但沒有所謂『只是個母親』這種事。你之所以身爲麥可的母親，是因爲你一開始就是上帝所造，這種關係比母子關係更久遠、更親密。不，潘，你聽我說——祂也有愛，祂也會受苦，祂也曾等了許久。」

「如果祂愛我，就該讓我見我孩子。如果祂愛我，爲什麼要把他從我身邊帶走？對於這一點，我不打算說什麼。可是你知道麼，要原諒有多難。」

「可是祂必須帶走麥可。部分也是爲了他著想——」

「我相信我曾盡力讓麥可快樂。我放棄了自己的一生——」

「人類無法使彼此長久眞正的快樂。再說，祂是爲了你好，祂要你把對孩子的那種出於天性之母愛——母老虎也有母愛——昇華成更美好的東西。祂懂愛，祂要你用祂懂的那種愛去愛麥可。除非你愛上帝，否則你沒辦法完完整整地愛別人。出於天性的母愛固然還是可以讓人得到滿足，但有時候可以轉化。不過按你的情況來看，似乎沒這機會了。你的母愛不受控制，強烈而且偏執。——問問你的女兒或你的丈夫，再不然去問你母親，你從來沒想過她。——唯一的補救方法是奪走你所愛的對象，就像動外科手術那樣。只有當第一種愛受挫時，才有機會讓其他東西在孤單和沉默中開始成長。」

「這全是胡說八道——既殘酷又邪惡的胡說八道。你有權利置喙母愛嗎？母愛是人性中最崇高聖潔的情感。」

「潘，潘……自然的情感沒有高下之分，也沒有聖潔與否之別。只要在上帝的管轄下，就是聖潔的。但如果是自己在造神，就全崩壞了。」

「我對麥可的愛絕對不會崩壞。就算我們相守幾百萬年，也不會崩壞。」

「你錯了。你必須知道自己錯了。你在下界的時候——在地獄裡，難道沒遇見其他帶著孩子的媽媽嗎？她們的愛讓他們快樂嗎？」

「如果你指的是像葛家的那個女人和她那可怕的兒子巴比，當然不快樂。我希望你不是在暗示什麼……假如我有麥可的話，我一定會很快樂，就算是待在那座城裡也一樣。我不會老是把他的事掛到嘴上，弄到最後別人一聽到他名字就覺得厭煩，就像葛溫妮那樣。我也不會因爲別人不怎麼注意他，就跟人家吵架，更不會因爲別人太重視他而嫉妒不悅。我不會到處哭訴他對我不好，因爲他絕對會對我很好。你別想暗示我麥可也會變得跟葛家孩子一樣。有些事情我是不能忍受的。」

「你在葛家人身上看到的例子，正是自然情感在不轉化的情況下產生的後果。」

「你說謊！邪惡又殘酷的謊言！有誰我比更愛自己的孩子？我這些年來全是靠著我對他的回憶才活下來的。」

「潘，你做錯了。你自己心裡很明白。」

「哪裡做錯了？」

「你整整悲傷了十年，把他的房間保持得跟他在世時一樣，爲他舉辦忌日儀式，拒絕離開那棟屋子，縱然迪克和穆莉爾可憐兮兮地住在那裡。」

「他們才不在乎呢，我清楚得很。我早就學會別指望他們同情我。」

「你錯了。孩子的死，沒有人比迪克更難過，而比穆莉爾還要愛弟弟的女孩也不多。令他們反感的不是麥可，而是你……讓過去的一切主宰他們全部的人生，而且還不是麥可的過去，是你的過去。」

「你眞沒良心。每個人都沒良心。我只剩下過去的一切了。」

「那是你自己選擇的。用這種方法來處理悲傷是不對的，這就好像埃及人幫屍體防腐一樣。」

「哦，當然是我的錯。照你的說法，不管我說什麼或做什麼，怎樣都是錯的。」

「當然！」光明之靈說道，他周身閃耀著愛與歡樂的光芒，令我目眩。「我們一來到這裡，就會發現這一點。原來我們一直以來都錯了！這是最可笑的地方。無必要繼續假裝誰是對的，如此我們才能眞正地活著。」

「你竟敢嘲笑？把我的孩子給我，聽到沒？我才不管你們的規矩是什麼。我不相信一個不讓母子見面的上帝。我相信的是有愛的上帝。沒有人有權利擋在我跟我兒子中間——就算上帝也不行。你去當面告訴祂，我要我的孩子。我就是要他。他是我的，你懂嗎？我的，我的，我的，永永遠遠都是我的。」

「潘，他會是你的。一切都會是你的，上帝也會是你的，但不是用這種方法。沒有任何東西生來就是你的。」

「什麼？就連我自己生的兒子也不是？」

「你自己的身體現在又在哪兒呢？難道你不知道『自然』已經到了終點？你看！太陽正從那邊的山頭升起，隨時都會爬上來。」

「麥可是我的。」

「爲什麼是你的？他又不是你創造的。是『自然』使他在你體內生長，非出於你的意願，甚至有違你的意願——你也許忘了，當時你根本不想生小孩。會生下麥可純是意外。」

「誰告訴你的？」女幽靈說道，隨即又鎮定下來，「那是謊言，不是眞的。而且這也不關你的事，我討厭你的宗教信仰，我討厭和不屑你的上帝。我相信的是有愛的上帝。」

「可是潘，此刻的你連你自己的母親都不愛，也不愛我。」

「哦，我明白了，問題出在這裡，對不對？沒錯，雷吉納，你覺得受傷是因爲——」

「願主保守你！」光明之靈大笑道：「你不用擔心這一點。難道你不知道在這裡，你傷害不了任何人。」

女幽靈張口結舌，沉默了半晌。我想再沒有比這句斬釘截鐵的話更令她沮喪了。

我的導師伸手搭上我的臂。「來吧，我們繼續往前走。」

等我們走到遠處，再也聽不見那位鬱鬱寡歡女幽靈的抱怨聲時，我立刻發問：「先生，你爲什麼要帶我離開？」

我的導師說：「那場對話恐怕還會拖很久，更何況你已經聽得夠多了，足以知道她的選擇是什麼。」

「先生，她還有任何一絲希望嗎？」

「有，還是有希望。她口中所謂對孩子的愛，已然成了一種可憐、帶刺且嚴苛的東西。不過這裡頭還存在著一絲不純粹屬於她自我的東西，或許可以像星火一樣被吹成火焰。」

「所以說，自然情感的確好過於其他東西吧？——我意思是，若要追求眞實，它們應算是一個比較好的起點？」

「有好有壞。在自然的情感裡，有某種特質會比自然的慾望更易達到永恆之愛的境界。唯這當中也有某種東西會讓它停滯在自然的層面，誤以爲是天堂的境界。黃銅比黏土更容易被誤認爲黃金。假如她最後拒絕對話，這種情感的腐敗程度就會比你口中所謂的低等慾望還要嚴重。她是個強悍的天使，所以一旦墮落，就會變成更凶惡的魔鬼。」

我說：「先生，我不知道我在人間是否敢重述這番話。他們會說我沒有人性；他們會說我相信完全的墮落；他們會說我在攻擊最美好和最聖潔的東西。他們會說我——」

「就算他們這麼說，也傷不了你。」他講這句話的時候，眼裡有光閃爍（我眞的認爲我看到了他眼裡的光）。

「但是一個不曾失去任何親人的人哪有膽子……或有臉去向一個失去兒子的母親暢言這番大道理？」

「不，不，孩子，這不是你的事，你還沒那個資格去做這種事。如果你的心曾經碎過，你才能考慮開口。可總得有人說出這些年來你們都不敢說的話。凡人所瞭解的那種愛是不夠的，在這裡每一種自然的愛都會再度升起，永恆長存。唯升起之前，必須先被埋葬，否則無法再升起。」

「這種說法對我們來說簡直太難理解了。」

「啊，可是如果不說就太殘酷了。知情的人都怕到不敢說。這也是爲什麼傷痛曾經可以淨化人心，如今只能徒增煩惱。」

「那麼濟慈①錯了，他曾經說他相信發自內心的感情是聖潔的。」

「我懷疑他是不是眞的懂他這話的意思。不過你和我必須很清楚，只有一位是善的，那就是上帝——其他的事情只要仰望祂就是善的，背離祂就是惡的。而且在自然的順序裡，層次越高則力量越大，若是背叛了，就會變得更凶惡。所以魔鬼不是惡老鼠或惡跳蚤變的，而是邪惡的天使長變的。錯誤崇拜肉慾當然比錯誤崇拜母愛、愛國主義或藝術來得卑劣，但肉慾不太可能變成一種宗教信仰吧。你看！」

## 色慾的轉化：從蜥蜴變種馬

我看見一個幽靈肩上扛著某樣東西朝我們走來。他像其他幽靈一樣虛幻沒有實體，如雲煙裊裊，形狀不一，各不相同。有些幽靈比較蒼白，但這一位黝黑又油亮。有隻紅色小蜥蜴騎在他肩上，尾巴似鞭子不停抽動，還不時在他耳邊低聲細語。當出現在我們視線裡時，他正不耐地轉頭朝蜥蜴咆哮：「閉嘴，聽到沒！」可是蜥蜴繼續搖著尾巴，在他耳邊低聲說話。他停止咆哮，隨即釋出笑顏，轉身一跛一跛地朝西而去，遠離群山。

有個聲音說：「這麼快就走了？」

說話的人雖然形狀有點像人，但體型比人高大，全身亮到我幾乎無法直視。他的存在刺痛了我的眼睛和身體（因爲他身上不只發光，還發熱），宛如盛夏時節晨起的太陽。

幽靈說：「是啊，我要離開了，謝謝你的招待。可是你知道這沒有用。我跟這小傢伙說過，」他指的是那隻蜥蜴，「假如牠要來，一定得安靜，偏偏牠又堅持要來。當然牠那些話在這裡是不管用的，我很明白這一點，可是牠還是不肯停下來。所以我只好回家了。」

「你要我幫忙讓牠安靜嗎？」發亮的靈說道——這時我才知道他是天使。

幽靈說：「當然好啊。」

「那我就殺了牠吧。」天使說著，同時上前一步。

「哦——小心！你燙到我了。離我遠一點。」幽靈說道，趕緊後退。

「你不是要我殺了牠？」

「你起初並沒有說要怎麼殺牠啊。我不想勞煩你用這麼激烈的手段。」

天使說：「這是唯一的方法。」他那雙燃燒中的手現在離蜥蜴十分近。

「要殺牠嗎？」

「頗值得深思的問題，我得好好想想。不過這是一個新的起點，對吧？我意思是，目前我只想叫牠安靜下來，因爲在這裡這麼吵鬧——實在很令人尷尬。」

「我可以殺了牠嗎？」

「這件事等一下再討論。」

「沒有時間了，我可以殺牠嗎？」

「拜託，我不想太麻煩別人。拜託，眞的……別麻煩了。你看，牠自己都睡著了。我相信牠沒事了。眞是太感激了。」

「我可以殺牠嗎？」

「老實說，我不認爲有必要，我相信我現在可以管得住牠。漸進式的方法會比宰了牠來得更好。」

「漸進式的方法根本不管用。」

「你不這麼認爲？好吧，我會仔細考慮你剛剛的建議——我一定會。事實上，我現在就可以讓你宰了牠。不過我今天不太舒服，所以現在動手是最愚蠢的做法，得等我健康狀況良好的情況下再動手。也許改天吧！」

「沒有改天。每一天都是當下此刻。」

「退後一點！你燙到我了。我怎能要你殺了牠？你殺了牠，也會要了我的命。」

「不會。」

「哎呀，你傷到我了。」

「我從沒說過我不會傷到你，我只說過我不會殺了你。」

「哦，我知道。你認爲我是懦夫——但我不是。眞的，我不是。聽我說，讓我搭今晚的巴士回去請教一下醫生的意見。可以的話，我馬上回來。」

「這一刻凝聚了所有時刻。」

「別再折磨我了，你分明是在嘲笑。我怎能讓你把我撕成碎片？如果你想幫我，爲什麼不在我知道之前就先殺了那該死的東西？你大可不必問我。那樣的話，現在早就沒事了。」

「我不能在違背你本身意願的情況下殺了牠，這是不可能的。你允許我動手了嗎？」

天使的手差一點就要觸到蜥蜴，蜥蜴卻在這時開始對幽靈喋喋不休，聲音大到我都聽得見牠在說什麼。

牠說：「你得當心，他說到做到。他可以殺了我。你只要開口，他就會動手，你將從此失去我。這太不合情理。你以後要怎麼過活？你只能當幽靈，不像現在是個眞眞實實的人。他根本不懂。他只是一個冷酷無情又抽象的東西，對他來說也許符合情理之事，對我們來說卻不然。是的，是的，我知道現在沒有眞正的歡愉，只能作夢。作夢總好過什麼都沒有吧？我會很乖。我承認以前的我有時太過分了，但我保證我不會再犯。我只會帶給你美好的夢境——甜美、新鮮、近乎天眞的夢。也許你會說太天眞了……」

天使對幽靈說：「你允許我動手了嗎？」

「我知道連我都會被殺掉。」

「不會的，但如果會呢？」

「你說得對。和這個生物一起生活，倒不如死了算了。」

「所以我可以殺牠了嗎？」

「你這該死的王八蛋！你去殺啊，你殺不了嗎？去啊！你想做什麼就做什麼。」幽靈大聲嚷道，但又抽抽搭搭地哭了起來，「上帝救救我，上帝救救我……」

接著幽靈發出一聲我在世上從沒聽過的悽厲慘叫。燃燒中的光明天使用火紅的雙手緊緊掐住蜥蜴，使力一擰，蜥蜴張口亂咬，死命扭動，最後被天使折斷背脊，用力摜在草地上。

「噢，我完了！」幽靈倒抽口氣，踉蹌後退。

我一時間看不出來怎麼回事，後來才驚見在我和鄰近的樹叢之間，正逐漸長出一個人的上臂和肩膀，而且越長越堅實，接著是雙腿和雙手，那形體越來越明亮也越來越強壯。頸子和金色的頭顱同在我觀看過程中慢慢成形，要不是因爲分心，我恐怕可以看到一個人完全成形的實際過程——這是一個高大、赤裸、體型比天使小不了多少的人。而令我分心的原因是，那時蜥蜴也起了某種變化。起初我以爲這場行動失敗，那隻爬蟲不僅沒死，還不斷掙扎，甚至在掙扎的過程中越長越大。牠一邊長大、一邊變化，後半部變得越來越渾圓，還在彈動的尾巴竟轉化成一條有鬃毛的尾巴，擺動於光滑龐大的兩股之間。我連忙後退，揉揉眼睛。站在我面前的赫然是一匹我生平所見過最漂亮的種馬，除了鬃毛和尾巴是金色之外，全身銀白。牠的毛皮光滑閃亮，肌肉虬結，不停嘶鳴，每次跺足，地面爲之撼動，樹木跟著震顫。

新造的人轉身輕拍新生駿馬的頸背。牠嗅聞他那光亮的身軀，馬和主人各自將鼻息吹進對方的鼻孔裡。接著主人轉身離開他的馬，撲倒在光明之靈的腳下，抱著對方的腿。等他站起來，我看見他臉上閃著淚光，不過也可能是從他身上流出來的愛與光輝（在這種地方，一般人是分辨不出來這其中差異的）。我不想花太多時間想這件事。新造的年輕人興沖沖地躍上馬背，轉頭揮手道別，用腳跟輕觸駿馬，示意上路。我還沒來得及搞清楚怎麼回事，他們已經走了，好一個縱騎奔騰！我趕緊從灌木叢裡目送他們，但他們快如流星地早已遠離綠色平疇，抵達山腳。然後我看見宛如星子的他們蜿蜒登上看似無法攀登的陡坡，速度越來越快，直至趨近幽暗的山脊，那高度高到我得伸長脖子才看得到。最後，全身發亮的他們終於消失在玫瑰色的永恆黎明光輝裡。

在我觀看的同時，也注意到整片平原和森林都在撼動出聲，若在我們的世界，這種聲音恐怕會響亮到讓人受不了，然在這裡，我卻能歡喜承受。我知道這不是堅實之靈在唱歌，而是大地、森林和眾川河的聲音，這是一種奇怪、古老和無機的聲音，從四面八方同時傳來。它們歡喜終於有人再度從這片大地身上騎馬踏過，大地的本性或者說原始本性得以臻於圓滿，於是歡天喜地唱道——

主對我們的主說：來吧，同享我的安息與華美，直到你所有的仇敵都淪爲奴隸在你面前跳舞，任你駕馭，變成穩當的腳座供你雙足安放。來自天上地下和永世的威權都將加諸予你：曾經與你作對的力量，將成爲你血中順從的火和你聲音裡屬天的雷鳴。

征服我們吧，將我們征服到足以回歸初我。我們渴慕祢的統治，一如渴慕黎明與露珠，那是光明誕生前的潤澤。

主，祢的主命祢永遠當我們公義的王和至高的祭司。

「我的孩子，這一切你都懂了嗎？」導師說。

「先生，我不完全懂得。」我應道：「那隻蜥蜴眞的變成馬了，我沒看錯吧？」

「是啊，不過牠是先被殺死。你不會忘了那一段吧？」

「先生，我盡量不忘。不過這是不是意謂在我們裡面的每一樣東西……我是說每一樣——都能上山？」

「若照它們現在的樣子，沒有一樣能夠上山，即便是最美好和最高貴的。但若願意順服死亡，那麼每一樣都能復活，就算是最卑微、最殘忍的也可以。種下的是自然的軀體，長成的是靈性的軀體。血肉之軀無法上山，不是因爲他們太惡臭，而是因爲他們太軟弱。蜥蜴怎能與駿馬相提並論？渴慕是豐富和充滿能量的，相較之下，慾望只是一種可憐、軟弱和低聲下氣的東西。慾望被殺死之後，渴慕就能升起。」

「可是我回去之後要不要告訴他們，這人的淫蕩好色所帶給自己的桎梏，還比不上那個可憐女人因爲愛自己的孩子所加諸在自己身上的桎梏？因爲她的愛再怎麼說畢竟是過度了。」

「你不能這樣跟他們說。」他厲聲答道：「你剛剛說『過度的愛』嗎？愛不會過度，只會不足。她對她孩子的愛太少，而非太多。假如她多愛他一點，就不會有窒礙。我不知道她的事情要如何終了，不過這時候她可能正在要求讓她的孩子跟著她一起下地獄。這種人有時候會爲了繼續以某種方式擁有他們自稱的『所愛之人』，而將對方靈魂拉進無休無止的痛苦深淵裡。不行，不行，你得學會另一門功課！你必須要問的是：假若就連慾望復活後的軀體都可以像你剛看見的駿馬那般雄偉，那麼母愛或友誼復活的軀體又會變成什麼樣子呢？」

不料這時候的我又分心了。我詢問：「先生，這裡還有另一條河嗎？」

譯註：

①濟慈（John Keats，1795～1821），傑出的英國詩人，也是浪漫派的主要人物。

Chapter 12

# 第十二章

## 偉大的女性：戈德斯格林區的莎拉·史密斯

我之所以會問是否還有另一條河，是因爲森林裡有一條長長的通道，茂密的枝葉底下有光影正在舞動。我知道世上只有流動的水才可能在光的投射下製造出這種現象。過了一會兒，我發現我錯了，原來是某種行進隊伍正朝我們走來，而那光就是隊伍中的人所散發出來的。

首先來到面前的是光明之靈，而非人的靈。他們一路跳舞撒花——縱然照幽靈世界的標準來看，每朵花瓣都有千斤重，掉落時定如巨礫墜地，但這些花朵卻輕輕飛揚，無聲掉落。接著有年輕身影出現在林間大道左右兩側，一邊是男孩，另一邊是女孩——如果我能記住他們的歌聲，寫下歌曲的音符，那麼看過這份樂譜的人必然不會再生病或衰老。有樂手走在他們中間，殿後的是一位女士，顯見這一切都是為了榮耀她。

我現在不記得當時的她是赤身裸體還是穿著衣服。就算是裸體，我的記憶也八成被她那表現在外的喜樂和彬彬有禮的態度而誤以為她身穿閃亮的華服，裙襬一路拖過快樂的草地。而就算她穿著衣服，也絕對是因為她深處的靈魂穿透衣服發出亮光，使她通體清澈無比，害我誤以為她沒穿衣服。在這個國度，衣服不是一種偽裝，靈體會沿著衣服上每條縫線活起來，轉化為活生生的有機體。身上穿戴的長袍或皇冠宛若嘴唇或眼睛，亦構成穿者容貌。

但我忘了她的長相，只記得她的臉無與倫比的美麗。

「她是不是……她是不是……？」我低聲對我的導師說。

「絕對不是。」他說：「你從沒聽說過她。她在世上的名字是莎拉・史密斯，住在戈德斯格林區。」

「她似乎……呃，是相當重要的人物。」

「是啊，她是偉大人物之一。你也知道在這個國度的名聲和世上的名聲是完全不同的兩回事。」

「所以這些巨大的人是誰——你看！他們像翡翠一樣——在她前面一邊跳舞、一邊撒花的是誰呢？」

「你沒讀過米爾頓的作品嗎？『一千名身穿制服的天使聽候她差遣』？」

「兩邊的年輕男女又是誰？」

「都是她的兒女。」

「先生，她的家族一定很龐大。」

「凡是見過她的年輕人和男孩，就會成爲她的孩子——連送肉到她家後門的男孩也一樣。凡是遇見過她的女孩也會成爲她的孩子。」

「這對他們自己的父母來說，不是有點難堪嗎？」

「不會，有人會偷別人家的小孩，但是她的母愛不一樣。被她愛的人，回到原生父母身邊之後，會更敬愛他們。鮮少有人看過她卻不愛上她。然這種愛不會讓他們不忠於自己的妻子，反而更忠於妻子。」

「怎麼可能……你瞧，那些是什麼動物？一隻貓、兩隻貓……幾十隻貓。還有那些狗——哇，數都數不完。還有鳥——還有馬。」

「牠們都是她的動物。」

「她開了一家動物園嗎？我意思是——動物也太多了吧。」

「曾接近她的動物和禽鳥都在她的愛裡頭占有一定地位。在她裡面，牠們變回眞正的自己。如今在基督裡的她從天父那兒領受到豐盛的生命，也流進牠們的體內。」

我驚愕地看著我的導師。

他說：「是啊，這就像你往池裡丟一顆石子，漣漪會從中心點不斷往外擴散，越擴越遠。誰知道盡頭在哪兒呢？從罪裡贖回的人性還很年輕，幾乎還沒辦法全力施展。但像那位女士這類偉大的聖徒，她指間一丁點的歡樂便足以喚醒宇宙間已死的事物，重新復活。」

就在我們談話的同時，那位女士正穩健地朝我們走來，不過她的目光不在我們身上。我尾隨她的目光，轉頭看見一道形狀怪異的幻影正在趨近。或者應該說是兩道幻影：一個是高大的幽靈，異常瘦削，全身搖搖晃晃的，似乎正幫另一個被綁在鍊條上的幽靈帶路，後者的體型比街頭賣藝的猴子大不了多少。高個子幽靈戴了一頂黑色軟帽，令我覺得似曾相識。他走到離那位女士只有幾英尺之距的地方，伸出那張瘦弱顫抖的手，張開五指，平貼於自己胸前，用空洞的聲音嚷道：「終於到了！」我這才恍然大悟爲什麼覺得似曾相識。原來他就像一個邋遢的老派演員。

那位女士說：「親愛的，終於到了！」我心想：「天啊，她該不會——」就在這時我注意到兩件事。首先，我發現矮小的幽靈並不是跟著高大的幽靈走。那鍊條其實是握在矮幽靈手上，至於表情戲劇化的幽靈頸子則戴著皮項圈。其次，我注意到那位女士只看著矮幽靈，似乎以爲是矮幽靈在跟她說話，不然就是她刻意忽略另一個幽靈。她眼睛轉向可憐的矮幽靈。愛源源不斷地從她臉上散發出來，也從她四肢流洩出來，彷彿她剛剛沐浴其中。接著令我驚愕的是，她竟上前彎下身子，親吻矮幽靈。看見她與那樣一個冷漠、消沉、萎縮的東西親密接觸，眞讓人渾身起雞皮疙瘩。可是她沒有起雞皮疙瘩。

她說：「法蘭克，首先，請寬恕我。從我們相遇的第一天起，我所做過的每件錯事，還有每一件我沒做對的事情，都請求你的原諒。」

這時我終於能首度好好打量矮幽靈，又或者說，當她親吻他的時候，他的身形突然變得比較清楚，讓我多少看得出來他生前長什麼樣子：那是一張小小的鵝蛋臉，長滿雀斑，下巴很短，留著一小撮鬍子。他瞥了她一眼，未正眼瞧她，竟從眼角餘光斜睨著那位悲劇演員，然後扯扯鍊條。結果開口回答女士的不是他，而是悲劇演員。

「好了，好了，」悲劇演員開口：「別再提那檔事了，我們都會犯錯。」他一說完，立刻擠出扭曲的表情，我猜他原本是想給她一個吊兒郎當的笑容。他繼續道：「就別再提了吧。其實我想的不是自己，而是你。這些年來，我心裡老放不下這件事。我想到你——你一個人孤零零地在這裡為我傷心難過。」

那位女士回應矮幽靈：「從現在起，你可以把這一切都拋開了，別再想了，一切都過去了。」

她豔光四射到我幾乎看不見其他東西。她的甜美也令矮幽靈情不自禁地正視她，在那一瞬間，我發現他變得更像人了。他張開嘴，打算這次自己開口，唯說出來的話卻令人失望。

「你想我嗎？」他用低沉沙啞的聲音哀戚地說。

她沒有被嚇到，周身仍散發著愛，並保持優雅的風度。

她說：「親愛的，關於這一點，你很快就會瞭解，但今天——」

接下來的事情令我十分驚詫，矮幽靈和悲劇演員竟然異口同聲地說話，但不是對她說，而是對彼此說。他們互相警告：「你要注意，她沒有回答我們的問題。」我才發現他們其實是同一人，又或者說他們都是生前那個人的殘骸。

矮幽靈再次將鍊條扯得嘎嘎作響。

「你想我嗎？」悲劇演員用一種誇張的可怕顫音對那位女士說。

那位女士仍然只把注意力放在矮幽靈身上。「親愛的朋友，那件事和其他所有事也許讓你很開心，不過現在起把它永遠忘了吧。」

那個當下，我眞以爲矮幽靈會聽從她的話。一方面是因爲他臉的輪廓變得越來越清楚，另一方面是她誠心邀請他進入喜樂裡，而她的聲音聽在我耳裡，宛若四月黃昏鳥兒的歌聲，令人難以拒絕。

他猶豫了一會兒，然後與他的同伴再次齊聲開口。

他們對彼此說：「當然不強調這一點也好，也算是寬宏大量的表現。但我們確定她會注意到我們的善意回應嗎？以前我們也做過類似的事。我們默默地把屋裡最後一張郵票讓給她寫信給她母親，即便我們自己也想寫封信。我們以爲她會記得這份恩情，知道我們有多無私。然她從來沒有。還有一次……哦，是好多好多次！」於是矮幽靈又搖了搖鍊條。

悲劇演員喊道：「我忘不了！也不想忘！我可以原諒他們對我所做過的一切，至於你的悲慘遭遇——」

女士說：「哦，你不明白吧？這裡不會有悲慘的遭遇。」

矮幽靈回答：「你是說——」這個新的念頭狀似讓他暫時忘了悲劇演員的存在，「你意思是你一直很快樂？」

「難道你不想要我快樂嗎？不過沒關係，現在想要也行。或者就別再想這件事了。」

矮幽靈眨眨眼睛，直瞪著她看。你可以感覺得出來有個前所未有的念頭正進入他的小腦袋裡，甚至看得出來他覺得這念頭有點妙。在那瞬間，他差點就要鬆開鍊條，又趕緊抓緊，彷彿是他的命根子似的。

悲劇演員說：「聽著，我們得好好面對這件事。」這次他的語氣霸氣十足，頗有男子氣概，像在要求女人應該清醒一點。

女士對矮幽靈說：「親愛的，沒什麼好面對的，你總不希望我為了不幸的遭遇而繼續痛苦下去吧。你認為如果我愛你，準會繼續悲傷。可是只要你再等一等，會發現事情並非如此。」

悲劇演員先用手敲著額頭，「愛！」然後以更低沉的聲音說：「你知道這個字的意思嗎？」

女士說：「我怎麼會不知道？我現在就在愛啊。你懂嗎？我已經置身愛裡頭了。是的，現在的我眞正在愛。」

「你意思是……」悲劇演員說：「你意思是——你以前並非眞的愛我。」

她回答：「我是愛你的，只是用可悲的方式在愛。我已經求你原諒。那種愛很少是眞的，在下界那裡所謂的『愛』大多是渴望被愛，所以大致上來說，我以前愛你只是爲了我自己：因爲我需要你。」

「那現在呢？」悲劇演員老練地擺出絕望的手勢，「現在你不再需要我了？」

「當然不需要。」女士應道。她的笑容燦爛到令我不禁好奇這兩個幻影怎能不受她笑容的感染，歡呼出聲？

她說：「我現在什麼都有了，還需要什麼呢？如今的我很充實，一點也不空虛。我在愛裡面，完全不孤單。我很剛強，毫不軟弱。你也會一樣。來吧，我們現在不需要彼此了，可以開始眞正的愛了。」

悲劇演員的表情依然非常誇張。「她不再需要我了，再也不需要，再也不需要。」他自顧自地用某種哽咽的語氣說道。「天哪，」他繼續說著，只是他把「天」的音發成了「顛」——「顛啊，眞希望我在聽到那些話之前，就已經看見她死在我腳下、死在我腳下、死在我腳下……」

我不曉得這個幽靈打算重複這句話多久，還好那位女士打斷了他。「法蘭克！法蘭克！」她喊道，響亮的聲音在林間迴盪，「看著我，看著我。你爲什麼帶著一個醜陋的大玩具？放開那鍊條，讓它走。我要的是你。你難道不知道它在胡說八道什麼嗎？」她眼裡閃著喜悅的光，視線越過悲劇演員的頭，直接跟矮幽靈玩笑。

矮幽靈臉上勉強擠出笑容，他現在正視著她。她的笑聲穿過他的第一道防線，他試著抵擋，但沒能成功。他又不由自主地長大了一點。

她說：「哦，你這個呆頭鵝，在這裡淨說這些話有什麼好處？你我都知道早在好幾年前，你就看過我死在你面前了——當然不是死在你腳下，而是死在療養院的床上。那是一家很棒的療養院，那裡的護理長怎麼可能讓誰死在地板上呢？眞是可笑，那玩偶竟想在這裡，用這麼誇張的說法來強調死亡。這沒有用的。」

〈黑夜魔女的歡欣〉
威廉・布雷克／繪

Chapter 13

# 第十三章

看見矮幽靈因拒絕喜樂而掙扎，我眞不知道這輩子有沒有見過比他的掙扎還要可怕的事。他差點快受不了。

很久以前，他的心底深處定曾藏著幽默與理智。當沐浴在愛與喜樂裡的她注視著他的時候，那一瞬間的他看見了悲劇演員的荒謬與可笑。也就在那一瞬間，他絲毫沒有誤會她的笑聲：他以前一定也知道沒有人比戀人更可笑。如今光無視他的意願，拂照著他身。但這不是他想像中的會晤場面，他不願接受。

矮幽靈再次緊緊抓住那條死亡線，悲劇演員立刻開口說話。

他氣沖沖地說：「你竟敢笑他？當著我的面笑他？這就是給我的回報，好極了。幸好你根本不在乎我的命運，要不然你以後一想起曾把我趕回地獄，鐵定會後悔莫及。什麼?你認爲我現在會留下來?謝謝你哦。我相信我可以很快看得出來哪個地方不要我。如果我沒記錯的話，正確的說法應該是『不需要』我才對。」

從此以後，矮幽靈不再開口。但那位女士還是只對著他說話：「親愛的，沒有人會送你回去。這裡充滿喜樂，每件事物都邀你留下來。」

矮幽靈卻在她說話的同時越變越小。

悲劇演員說：「是啊，只不過得先同意你開的條件，這些條件你也可能開給一條狗，好在我還有一點自尊。再說我看得出來就算我走了，對你來說也沒什麼差別。你根本無所謂我回到那冰冷、陰鬱、孤寂復孤寂的街上——」

那位女士說：「不要，不要這樣，法蘭克。別讓他這麼說。」可是矮幽靈此刻已經縮小到她得跪下來才能跟他說話。悲劇演員像狗抓住了骨頭似的貪婪地緊緊抓住她的話柄。

「啊，你聽不下去了!」他用一種悲憤帶得意的聲音喊道：「你一向如此。你一向受到保護，冷酷的事實總是被隔離在你的視線之外。就算你沒有我、忘了我，也會很高興。你甚至不想聽我訴苦。你只會說『不要』——不要告訴你，不要讓你不快樂，不要打擾你那受到保護、以自我爲中心的小天堂。這就是我得到的回報……」

爲了跟矮幽靈說話，她把身子彎得更低了，現在的矮幽靈變得只有小貓那般大，雙腳離地，懸空掛在鍊條末端。

她回答道：「這不是我說不要的原因。我的意思是，別再演戲了，這沒有用。他會扼殺你。放開那鍊條，現在就放開。」

悲劇演員尖叫：「演戲？你這話什麼意思？」

矮幽靈現在小到我根本分不出來他和他手上抓的鍊條，且同時也是第一次無法確定那位女士究竟是跟他說話，還是跟悲劇演員說話。

她說：「快，還有時間。停止，馬上停止！」

「停止什麼？」

「停止以錯誤的方法利用同情——別人的同情，你知道我們在世上多少都做過這種事。同情的目的本來是爲了驅策喜樂去幫助不幸，但也可能被誤用，被當成某種勒索的手段，選擇不幸的人可以利用同情去勒索喜樂。我明白了，你小時候也玩過這把戲。你不僅沒道歉，還躲到閣樓裡生悶氣——因爲你知道你的姊妹遲早有人會說：『想到他一個人孤零零地坐在上頭哭泣，我就不忍心。』你利用她們的同情來勒索，最後她們都會屈服。後來，我們結婚了——哦，算了，只要你以後不再犯就行了。」

悲劇演員說：「這就是你這麼多年來對我僅有的瞭解。」我不曉得矮幽靈現在變成什麼樣子了，也許此刻他正像隻蟲子一樣爬上那鍊條，又或許不知怎麼搞的被吸進鍊條裡了。

那位女士說：「不，法蘭克，別說這種話。你要聽從理智。你以爲創造喜樂的目的是爲了永遠活在那種威脅下嗎？永遠被那些寧願不幸也要貫徹自我意志的人踩在腳底下嗎？那才是眞正的不幸。我現在明白了，過去你讓自己過得悲慘，這時候你還是可以這麼做。但你再也不能把你的悲慘傳播給別人，每樣事物都在漸漸返璞歸眞，這裡的喜樂無法被撼動。我們的光明可以吞沒你們的黑暗，你們的黑暗卻無法影響我們的光明。不，不，到我們這邊來吧。我們不會走向你們。你眞的以爲愛和喜樂會永遠被皺眉和嘆息擺布嗎？你難道不明白它們比對手更剛強？」

悲劇演員說：「愛？你竟敢用如許神聖的字眼？」他說話的同時，手裡忙不迭地收起身邊那條已經晃動好一陣子但又沒什麼用處的鍊條，然後不知用了什麼方法將它處理掉。我不太確定，不過我想他應該是把它吞進肚子裡了。因爲直到這時，那位女士才首度正視他，只對他說話。

她說：「法蘭克呢？先生，你是誰？我從來不認識你。你最好離我遠一點。要不然，如果你願意的話，留下來無妨。若幫得上你的忙，可能的話，我也願意陪你一起下地獄，但你無法將地獄帶進我裡面。」

「你不愛我。」悲劇演員用一種類似蝙蝠的細弱聲音說道，現在他的形體已經難以看清楚。

那位女士說：「我不能夠愛一個謊言，我不能愛不存在的東西。我在愛裡面。我不願離開愛。」

沒有人回答。悲劇演員已經消失，林地裡只剩下那位女士。一隻棕色小鳥從她身邊跳過去，用輕盈的雙腳折彎了我無法折扭的綠草。

不久，女士起身離開。

其他光明之靈上前迎接她，邊走邊唱——

福樂的三位一體是她的家，什麼都無法干擾她的喜樂。
她如鳥兒避開羅網，如野鹿躍過陷阱。
天主在祂永恆不變的清明裡守護她的心，猶如母鳥守護雛鳥，盾牌守護武士。
她不怕夜裡的鬼魅，無懼白日的槍彈。
僞裝成眞理的虛僞攻擊她，只是徒勞；她看穿猶如玻璃的謊言。
無形的病菌傷不了她，閃亮的日光也害不了她。
上千人無法解決難題，上萬人選錯岔路，她卻平安度過。
祂差遣永生的使者，在她必須行走的每條路上照顧她。
他們執起她的手走過艱辛之地，黑暗中她的腳趾不被絆倒。
她可以在獅群和響尾蛇中間行走，在恐龍和幼獅穴裡安居。
祂以無限的生命滿溢她；祂帶領她看見世人的渴慕。

我對我的導師說：「可是——可是——」這時候森林裡所有形體和歌聲都已經消失，「雖然我不十分確定，但是她對他的不幸竟然無動於衷，這眞的說得過去嗎？」

「你寧願她繼續受他折磨嗎？他們在世的時候，他就已經日復一日、年復一年地折磨她了。」

「哦，不，我想我不願意。」

「那該怎麼辦呢？」

「先生，我不太明白。世上有人說：『只要有一個靈魂滅亡，即證明那些被救贖的人的所有喜樂都是假的。』」

「你知道這說法是錯的。」

「我總覺得這說法有道理。」

「這話聽起來挺慈悲，可是你要究知它背後潛藏的意義。」

「是什麼？」

「這些心中無愛、只會囚禁自我的人，是在要求我們允許他們勒索這個世界，意思是除非他們同意自己會快樂起來——而且要按他們的條件——否則誰都不能享受快樂。他們要求握有最後的裁決權，要求地獄可以否決天堂。」

「先生，我不知道我想要的是什麼。」

「孩子，孩子，魚與熊掌無法兼得。要麼喜樂全面得勝，不幸的製造者再也無法影響它；要麼就是不幸的製造者永遠可以因為自己拒絕快樂，進而去摧毀別人心中的快樂。我知道『若仍有一人被棄絕在外面的黑暗裡，那麼不要這樣的救贖也罷』的這種說法聽起來很了不起，但你要當心這類詭辯，否則就等於讓整個宇宙都被『鳩占鵲巢』。」

「可是怎麼有人敢說『同情』必須永遠消失？這說法好可怕。」

「你必須分清楚──同情的行動會永遠長存，唯同情的激情不會，它會死亡。在同情的激情裡，我們只會自食同情的惡果，使人在不該讓步的地方讓步，該說實話的時候極盡諂媚。同情騙了許多婦女，害她們失去貞操，也讓許多政客再無誠信。壞人拿它當武器對付好人，但他們的武器終將毀壞。」

「那另一種呢？同情的行動？」

「它是另一方的武器，速度比光還快，可以從至高之處一躍而下至低之處去，治癒人們，帶來喜樂，無視代價如何。它使黑暗變成光明，邪惡變成良善。就算在地獄狡猾的淚水攻勢下，它也不會把邪惡的暴行加諸在良善身上，凡接受治療的疾病都將被治癒。但我們不會為了取悅那些堅持不治黃疸病的人，就把藍的說成黃的，也不會爲了一些無法忍受玫瑰花香的人，就把世上的花園變成垃圾堆。」

## 地獄的渺小

「先生，你剛說它可以下到至低之處，但是她沒有跟著他下地獄啊，甚至沒到巴士那裡爲他送行。」

「你要她去哪裡？」

「那還用說，當然是去我們搭巴士來的地方啊，那片廣袤的深淵就在峭壁外面——在那裡。從這裡你看不到它，但你一定知道我說的是哪裡。」

我的導師給了我一個古怪的笑容。他說：「瞧！」隨即彎下身，用雙手和雙膝撐在地上。我也照做（我的膝蓋痛死了），然後就看見他摘下一片葉子，用葉尖指著地上要我看，我仔細瞧了良久，這才發現地上有道很小的裂縫，如果不是他指點，我根本看不到。

他說：「我不確定這是不是你們來的時候經過的那道裂縫，但你們的確是經過一條比這大不了多少的裂縫來的。」

「可是——可是——」我倒抽口氣，一頭霧水，幾近驚懼。「我看見的是無底的深淵，高聳無比的峭壁。這片國度就在峭壁頂。」

「是啊，但那趟旅程不只是位置的移動而已，那輛巴士以及坐在裡面的所有乘客都會變得越來越大。」

「你的意思是地獄——那座漫無邊際的空城，就在這麼小的裂縫裡？」

「是啊，所有地獄都比塵世的一顆卵石還小，但這個世界——真實的世界，它的一粒原子都比塵世還要大。你看那隻蝴蝶，就算牠一口吞下地獄，地獄也不夠大到對牠造成任何傷害或讓牠嘗出什麼味道。」

「先生，當你住在裡面的時候，它似乎很大。」

「可就算把它裡頭所有的孤單、憤怒、怨恨、妒嫉和貪念全融合成單一經驗，放上天秤，與天堂裡最微不足道角色所感受到的最小喜樂相比，也顯不出半分重量。『惡』的做惡程度，即便跟『善』的行善程度旗鼓相當，也絕不會成功。就算地獄裡加總起來的所有不幸都進到樹枝上那隻小黃鳥的意識裡，也可以被一口吞下去，不留任何痕跡，宛如一滴墨水滴進汪洋。而人間的太平洋相較於這片汪洋，根本是微不足道。」

我終於說：「我懂了，她根本裝不進地獄裡。」

他點點頭，「那裡沒有容得下她的空間，地獄的嘴再怎麼張也不夠大。」

「而她也沒辦法讓自己縮小——像夢遊仙境的愛麗絲那樣，你知道嗎？」

「再怎麼縮小都不夠。因為一個墮落的靈魂幾近於無，它縮了起來，自我封閉。良善不斷敲打墮落的靈魂，然像音波不斷撞擊聾子的耳朵，根本不被接收，他們握緊拳頭，咬緊牙關，閉緊眼睛。起初是他們不願意張開手接受禮物、張嘴吃進食物、張眼看見東西，到後來卻眞的張不開了。」

「所以從來沒有人接觸得到他們？」

「只有至尊的天主可以讓自己的尺寸縮小到足以進入地獄，因為越高的東西才能降得越低……人可以同情一匹馬，但一匹馬不會同情一隻老鼠。只有唯一的主曾進到地獄。」

「祂以後會再進去嗎？」

「不久前，祂才去過一次。一旦你們離開塵世，時間的運轉就不一樣了，以前或未來的所有時刻都曾經或當下存在於祂下降的那一刻裡。凡是被囚禁的靈魂，祂都向他們傳播福音。」

「有人聽進去嗎？」

「有啊。」

## 普救論

「先生，在你的書中，你是一個相信『普救論』的人，你說得好像所有人都會得救似的。聖保羅①也是。」

「你對萬物皆盡的末日根本一無所知，也對那些辭彙所能表達出來的意思一無所知。也許就像主曾對諾里奇的猶利安夫人②說的，『一切勢必安好、一切勢必安好，各種事物都必安好』。不過最好還是別討論這類問題。」

「先生，是因爲這些問題太可怕了嗎？」

「不，是因爲所有問題都是騙人的。如果你是從時間裡面去提出這問題，請教其中的可能性，那麼準會有一個確定的答案。道路的選擇是由你自己來決定，每條道路都不會封閉，誰都可以選擇永恆的死亡，而選擇永恆死亡的人都會得其所願；但如果你想躍進永生，如果你很想知道當別無其他可能、只剩眞實的時候，萬物最後的結局是什麼——你一定會這麼說，那麼你問的就是一個聽在凡人耳裡根本無法回答的問題。時間是一面特殊的透鏡——這就像把望遠鏡倒過來看，便可以將東西縮小，看得更清楚的道理一樣——你可以透過時間，看見對你來說原本大到無法完全看見的東西。

「那東西就是『自由』：是這個天賦的禮物使你與造物主有了最相似的一點，你自己即是永恆眞實的一部分。但你只能透過時間這面透鏡看到它，透過倒過來的望遠鏡，看見一幅清楚的小畫面；這是由一連串的瞬間片刻組成的畫面，你自己就在每個片刻裡作出非此即彼的選擇。世間事物的自然演替以及你可能選擇卻沒有選的幻象，皆非自由本身，乃是一面透鏡，而那幅畫面是個象徵，卻比任何自稱可以深究其義的哲學理論都來得眞實——說不定也比任何神秘學家所見到的異象還眞實。因爲如果沒有透過時間這面透鏡，那麼不管你用什麼方法想嘗試看見永恆的狀態，都只會破壞你對自由的認識。你看『宿命論』說永恆的眞實不會等到未來才成眞——眞是夠了！付出的代價可是自由的被剝奪，而自由才是這兩者當中最深刻的眞理。『普救論』不也一樣嗎？你不可能光靠一個定義來認識永恆的眞實。時間本身以及充斥於時間裡的所有動作和事件都是定義，都必須被經歷過。

「主說我們是神。若是沒有時間這面透鏡——要你觀看自我靈魂的偉大和它所選擇的永恆眞實，你能撐多久呢？」

譯註：

①聖保羅（St. Paul，3AD～67AD），是基督教早期最具影響力的傳教士之一，基督徒初代領導者之一，被奉為外邦人的使徒。

②猶利安夫人（Lady Julian of Norwich，1342～1416），英國的女隱士。

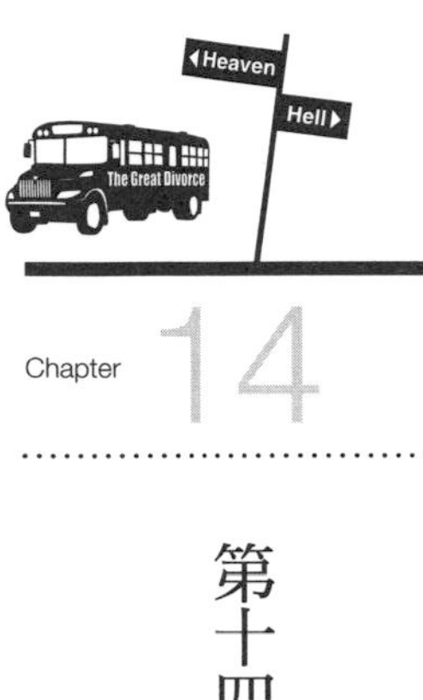


# Chapter 14 第十四章

## 景象的轉變

突然間一切都變了。我看見一大群巨大的形體，全都動也不動，肅靜無聲地圍著一張銀色小桌子而立，望著桌面。桌面上有一些宛若棋子的小人向著前後走動，忙東忙西。我知道每個棋子都是幻象或傀儡，代表站在旁邊的巨人，每個棋子的動作和行爲都是一幅幅會活動的畫像，猶如在用模仿或啞劇勾勒出巨人主子內心深處的本性。

這些棋子是這世上男男女女眼中自己的模樣以及眼中彼此的模樣。銀色桌子代表的是時間，而那些站著旁觀的巨人就是這些男男女女不朽的靈魂。我頓時覺得暈眩又驚恐，趕緊抓著我的導師問：「那就是眞相嗎？所以說我在這個國度裡看到的一切全是假的？光明之靈和幽靈間的對話……只是在模仿很早以前就已經作出的選擇？」

「倒不如說是在預期萬物皆盡的末日裡將作的選擇？不過你最好什麼也別說。你看到的選擇會比你在世上所看到的更清楚，因爲透鏡是更清楚的，但也還是隔著透鏡在觀看。別對夢裡的異象有太多要求。」

「夢？先生，所以——所以——我不是眞的在這裡？」

他握住我的手，慈祥地說：「沒錯，孩子，沒那麼好的事。死亡的苦杯仍在前面等著你。你只是在作夢……日後若有機會說出你的所見所聞，就明白告知只是一場夢。務必說清楚，別讓可憐的傻瓜有藉口以爲你說的都是凡人不知道的事，我可不希望在我的徒弟裡出了像史威登堡①和維爾・歐文②這類人物。」

「先生，上帝不會准我變成那樣。」我應道，同時盡量裝出一副很有智慧的模樣。

「祂本來就不准。我要跟你說清楚的就是這一點。」他說這番話的時候，看起來更有蘇格蘭人的樣子。

我眼神堅定地看著他的臉。棋子的幻象已經消失，我們四周又出現那片林子，正沐浴在日出前的冷光裡。我還是凝視著他，發現他臉上有某種東西令我渾身顫抖。

那一刻的我背對東方和群山而立，而他則面向我，望著它們。他的臉閃耀著全新的光芒。在他身後三十碼之處，一株羊齒植物變成金黃色。每棵樹幹的東面向也都亮了起來，陰影漸深。這裡本來一直有鳥叫聲不絕於耳，但此刻，鳥鳴合唱聲從林子裡各處枝葉傳來——公雞啼叫、獵犬吠嚎、再加上號角聲。除此之外，還有上萬個人和林地裡的天使在說話，就連林子本身也高唱著：「它來了，它來了！」他們開始合唱：「睡者醒了，它來了，它來了，它來了。」

我試著回頭瞥看，卻來不及看見（或是我看到了？）宛若金色利箭射死時間、逼使幽靈逃竄的旭日東升光芒。我尖聲大叫，將臉埋在導師長袍衣褶裡。「清晨！清晨！」我大喊：「清晨抓住我了，我是幽靈！」

但太遲了。

堅硬如石的陽光銳利無比、千斤沉重地砸在我頭上。導師的衣褶瞬間成了我書桌上一塊沾染墨水的舊抹布，被從椅子上跌下來的我一把扯落。而宛若磚塊的陽光竟也只是隨抹布一起掉落、砸在我頭上的書本。

我在冷冽的房間裡醒過來，蜷起身子，倚著黑幽幽的空壁爐。時鐘敲了三下，刺耳警笛聲在我頭頂響起。

譯註：

①史威登堡（Emanuel Swedenborg，1688～1772），瑞典科學家、神祕主義者、哲學家和神學家，《天堂與地獄》（*Heaven and Hell*）為其代表作。

②維爾・歐文（George Vale Owen，1869～1931），英國教士，亦為二十世紀初最有名的招魂論者。

〈妖精之舞〉
威廉・布雷克／繪

國家圖書館出版品預行編目資料

夢幻巴士／C・S・路易斯著；高子梅譯
—— 初版 ——臺中市：好讀，2015.03
面：　公分，——（典藏經典；70）

譯自：The Great Divorce

ISBN 978-986-178-346-8（平裝）

199.1　　　　103026677

好讀出版

典藏經典 70

夢幻巴士

原　　著／C・S・路易斯（C. S. Lewis）
翻　　譯／高子梅
總 編 輯／鄧茵茵
文字編輯／林碧瑩
美術編輯／鄭年亨
內頁編排／王廷芬
發 行 所／好讀出版有限公司
臺中市 407 西屯區何厝里 19 鄰大有街 13 號
TEL:04-23157795　FAX:04-23144188
http://howdo.morningstar.com.tw
（如對本書編輯或內容有意見，請來電或上網告訴我們）
法律顧問／甘龍強律師

戶名：知己圖書股份有限公司
劃撥專線：15060393
服務專線：04-23595819 轉 230
傳眞專線：04-23597123
E-mail：service@morningstar.com.tw
如需詳細出版書目、訂書，歡迎洽詢
晨星網路書店 http://www.morningstar.com.tw

印刷／上好印刷股份有限公司 TEL:04-23150280
初版／西元 2015 年 3 月 1 日
定價：200 元
如有破損或裝訂錯誤，請寄回臺中市 407 工業區 30 路 1 號更換（好讀倉儲部收）

Published by How Do Publishing Co., LTD.
2015 Printed in Taiwan
ISBN 978-986-178-346-8

# 讀者回函

只要寄回本回函，就能不定時收到晨星出版集團最新電子報及相關優惠活動訊息，並有機會參加抽獎，獲得贈書。因此有電子信箱的讀者，千萬別吝於寫上你的信箱地址

書名：**夢幻巴士**

姓名：______________ 性別：□男 □女 生日：____ 年 ____ 月 ____ 日

教育程度：__________________________

職業：□學生 □教師 □一般職員 □企業主管
□家庭主婦 □自由業 □醫護 □軍警 □其他 ____________

電子郵件信箱（e-mail）：______________________ 電話：______________

聯絡地址：□□□ __________________________________________________

你怎麼發現這本書的？

□書店 □網路書店（哪一個？）________________ □朋友推薦 □學校選書
□報章雜誌報導 □其他 ____________________________________

購買這本書的原因是：______________________________________________

□內容題材深得我心 □價格便宜 □封面與內頁設計很優 □其他 __________

你對這本書還有其他意見嗎？請通通告訴我們：

__________________________________________________________________

你買過幾本好讀的書？（不包括現在這一本）

□沒買過 □ 1 ～ 5 本 □ 6 ～ 10 本 □ 11 ～ 20 本 □太多了

你希望能如何得到更多好讀的出版訊息？

□常寄電子報 □網站常常更新 □常在報章雜誌上看到好讀新書消息
□我有更棒的想法 ______________________________________________

最後請推薦五個閱讀同好的姓名與 **E-mail**，讓他們也能收到好讀的近期書訊：

1. ______________________________________________________________
2. ______________________________________________________________
3. ______________________________________________________________
4. ______________________________________________________________
5. ______________________________________________________________

我們確實接收到你對好讀的心意了，再次感謝你抽空填寫這份回函
請有空時上網或來信與我們交換意見，好讀出版有限公司編輯部同仁感謝你！
好讀的部落格：http://howdo.morningstar.com.tw/
好讀的臉書粉絲團：http://www.facebook.com/howdobooks

請填妥後對折黏貼，直接投郵即可，無須貼郵票。

| 廣告回函 |
| --- |
| 臺灣中區郵政管理局 |
| 登記證第 3877 號 |
| 免貼郵票 |

# 好讀出版有限公司　編輯部收

407 台中市西屯區何厝里大有街 13 號
電話：04-23157795-6　傳眞：04-23144188

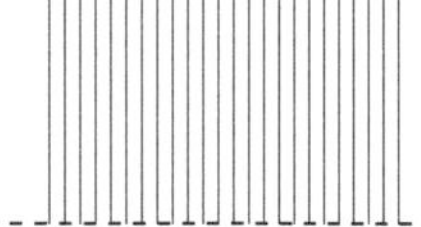

沿虛線對折

## 購買好讀出版書籍的方法：

一、先請你上晨星網路書店http://www.morningstar.com.tw檢索書目或直接在網上購買

二、以郵政劃撥購書：帳號15060393 戶名：知己圖書股份有限公司並在通信欄中註明你想買的書名與數量

三、大量訂購者可直接以客服專線洽詢，有專人爲您服務：客服專線：04-23595819轉230 傳眞：04-23597123

四、客服信箱：service@morningstar.com.tw